KB230661

차별을 훔치는 남자들

피해자의 자리와 억울함이라는 무기에 관해

차별을 참치는 남자들

박정훈 지음

피해자의 자리와 억울함이라는 무기에 관해

6

포기할 수 없어서, 같이 살고 싶어서

'도깨비도로'라고 이름 붙여진 곳이 종종 있다. 이를 테면 오르막(내리막)인줄 알았는데 실제로는 그 반대인 도로들이다. 이곳에 가면 물이 흘러 내려가지 않고 오르막으로 거슬러 올라가곤 해서 사람들이 놀란다. 하지만 이는 주변의 지형이나 나무로 인해 생기는 착시현상이다.

최근 젠더에 대한 담론들을 접할 때마다 마치 도깨비도로에 있는 기분이다. 여성들이 이제 살 만해졌다고, 남성들이 훨씬 불쌍하다고, 남성들을 챙기는 것이 '성평등'이라는 주장이 곳곳에서 들린다. 내리막을 자꾸 오르막이라며, 그렇게 보이지 않냐고 되묻는 듯하다. 그때마다 나는 통계자료와 사례들을 토대로 도깨비도로에 공을 굴리거나 물을 흘려보낸다. 어느 쪽이 진짜 내리막인지 알려주기 위해서다. 물론 별 소용 없다. 이미 객관적 사실은 중요하지 않은 지경에 이르렀다. 지난 몇 년 동안 '남성 역차별'이라는 나무가 빽빽하게 심어졌고, 청년 남성들은 착시에 빠지게 됐으니까.

상황이 이렇다 보니 페미니즘은 구시대 유물로 취급되고 있다. 페미니즘이 필요 없을 정도로 여성의 권익이 신장됐다거나, 오히려 페미니즘이 젠더 갈등을 야기한다는 말까지 나온다. 심지어 여성우월주의나 남성 비하와 동일시되어 '말할 수 없는 사상'처럼 입 밖에 꺼내기 두려워하기도 한다. 다들 도깨비에 홀린 것일까. 여성들이 일상적으로 겪는 차별과 혐오, 젠더폭력은 다른 세계에서 일어나는 일이 아닐 텐데. 페미니즘이 지운 자리에 들어선 것은 '사이좋게 잘 지내'라는 구호거나, 성평등 관점이 부재한 젠더 갈등 해결책이다.

그러나 페미니즘은 수많은 사람에게 용기를 불어넣

고, 살 수 있도록 만드는 숨구멍이다. 거대한 부조리에 대항하고, 일상의 폭력에 맞서는 언어이기도 하다. 페미니즘은 내가 사랑하는 사람들을 온전히 이해하고 지지할 수 있는 관점이자, 나의 '이상함'을 스스로 납득할 수 있도록 도와준 해석의 틀이었다. 포기할 수 있는 가치가 아니다. 여성에 대한 폭력을 근절하고자 하는 제도적 개선이, 성별 고정관념을 탈피하려는 움직임이, 견고한 유리천장을 부수고자 하는 시도가 어째서 '남성의 몫을 빼앗는 일'이란 말인가.

기울어진 운동장의 아래쪽에서 고군분투하는 것은 여성들에게 언제나 불안하고 고통스러운 일이다. 그런데 그 모습을 보고 제멋대로 운동장 위쪽에서 편하게 뛰고 있다고 여기는 것이 지금의 한국 사회다. 세상은 별반 달라지지 않았는데, 이제는 남성이 성차별을 당하는 시대라고 한다. 하지만 '남성차별'과 '남성혐오' 주장엔 음모론과 가짜 뉴스가 언제나 함께 붙어 다닌다. 근거가 없기 때문이다.

또한 모순의 연속이다. '남성이라서' 책임을 떠안거나 참아야 하는 게 많고, 연애·결혼에서 돈도 더 많이 쓰게 된다며 하소연하지만, 이러한 현상의 근본적인 원인은 성별 고정관념을 유지하는 가부장제 체제다. 더 성평등해져야 해소될 수 있는 문제임에도, '남성에 대한 차별'을 말하며 안티 페미니즘을 외친다. 군 복무에 대해선 불합리하고 고통스러운 방식의 징병제를 유지하는 국가를 향해 비판하거나 저항해야 마땅하지만, 언제나 공격 타깃은 여성들이나 페미니스트들이다.

그런데 '차별을 훔쳐간 남성들'이 행복했을까? 아니다. 원인을 엉뚱한 데서 찾으니 해결책도 나오지 않는 악순환이 계속된다. 스스로 돌파구를 찾지 못하니, 혐오 뒤에는 절망뿐이다. 정치인들과 인플루언서들은 청년 남성들에게 '남성 해방'을 위해 싸우기를 주문하지만, 실제로는 구렁텅이로 몰아넣고 이용하는 셈이다. 지금 청년 남성들이 '정의라고' 믿으며 따라가는 길이 여성의 삶을 위협하는 동시에, 남성의 삶도 망가뜨리는 것이다. 사랑도, 연대의 마음도 모두 잃은 삶이 무슨 의미가 있을까.

나는 평범하게 살아왔다. 지금도 그렇다. 내겐 한국 남성의 습속이 남아 있다. 페미니즘에 반발했던 나의 어린 시절을 생각하면, 청년 남성들이 왜 자꾸 그릇된 길로 빠지는지도 알겠다. 그러나 동의하지 않고, 안쓰러워하지도 않는다. 그들의 생각과 느낌이니까 이해하고 포용해야 한다는, 어설픈 타협의 메시지는 무책임하다. 그 무엇도 달라지게 할 수 없다. 아니, 오히려 '남성 피해자' '남성 약자'라는 착시를 믿게 만드는 부작용을 낳는다.

젠더 부문 취재를 하고 글을 쓰면서 나는 중립을 지킬 수 없을 때가 있다는 것을 실감하게 됐다. 피해자의 편에 서지 않으면, 소수자·약자와 연대하지 않으면 기자로서 또 시민으로서 방관자가 될 뿐이었다. 소외당하고 절망하는 사람들을 외면할 바에는, 차라리 편향된 사람이 되는 게 낫다. 혹자는 그 소외감을 느끼고 절망하는 사람들에 '남성'은 포함되지 않느냐고 물을 것이다. 왜 없겠나. 살기 힘들어하는 이들이, 일상 속에서 아름다움을 되찾았으면 좋겠다. 그러나 연대 혹은 '편 들기'에는 전제 조건이 있다. 여성을 비롯해 동료 시민에 대한 혐오, 공격, 온라인 학대를 하지 않는 이들이어야 한다. 그런 행위들이 자꾸만 '이해받는' 일이 되어선 안 된다.

남성들도 가부장적이지 않은 방식으로 사랑하고, 관계를 맺는 법을 터득해야 한다. 자신을 더 값지게 생각하고, 스스로를 돌볼 줄 알아야 함은 물론이다. 폭력을 방임

하고 충동적인 행동을 정당화하는 남성문화와도 선을 그어야 한다. 남자다움을 가장한 '센 척'이나 한탕주의는 또 어떤가. 성평등을 추구하면서, 여성혐오의 늪에 빠지지 않으면서 남성들은 지금보다 더 나은 삶을 살아갈 수 있다.

하지만 '구조적 성차별은 없다'라는 말과 '여성가족부 폐지' 공약을 내건 윤석열의 대통령 당선, 동시에 이뤄진 안티 페미니스트들에 대한 정치적 승인은, 3년간 남성들이 변화할 수 있는 기회를 앗아갔다. 20·30 여성들이 중심이 된 응원봉 혁명으로 정권이 교체됐음에도 상황은 크게 달라 보이지 않는다. 착시는 굳어지고, 페미니스트들의 목소리는 자꾸만 가로막히고, 남성들은 더더욱 막다른 길로 돌진하고 있다.

나의 첫 책인 《친절하게 웃어주면 결혼까지 생각하는 남자들》이 페미니즘이 시대정신으로 떠오른 상황에서 남성들이 다르게 살아야 함을 촉구했다면, 두 번째 책인 《이만하면 괜찮은 남자는 없다》는 남성들에게 스스로의 '깨어 있음'에 만족하지 말고 '성별 이분법'을 흔드는 데까지 나아가자는 메시지를 담았다.

그러나 세 번째 책인 《차별을 훔치는 남자들》은 결국

두 책의 내용이 남성들에게 온전히 다가가지 못했음을 반성하는 동시에, 남성들 스스로 거대한 백래시의 흐름을 끊어내야 한다고 손을 내밀고 있다. 이 책이 안티 페미니스트가 아닌, 동시에 가부장제에 문제가 있다고 느끼는 '평범한 남성'들이 '여성과 함께 사는 길'을 찾는 작은 실마리가 되었으면 한다.

《차별을 훔치는 남자들》은 남성을 비난하는 책이 아니라, 남성을 망가뜨리는 구조를 겨누고 있다. 안티 페미니즘과 여성혐오의 구조는 균열이 일어나기는커녕, 최근 몇 년 동안 더욱 단단해졌고, 이는 청년 남성 극우화의 바탕이 되었다. 능력주의와 배타주의를 기반으로 한 혐오의 대상은 여성에서 시작되어 장애인·이주민·노조 등 다양한 소수자·약자로 확장됐다. 이 흐름을 끊어내기 위한 고민과 대안을 최대한 담아보기 위해 노력했다.

새 책을 내는 데 거의 5년 가까운 시간이 걸렸다. 일종의 무기력증이 있었다. 엄혹한 현실 속에서 나의 조악한 글이 무슨 소용이 있나 싶었다. 학자도, 활동가도, 특종 취재기자도 아닌 내 글의 가치가 어느 정도일지 장담할 수 없었다. 그런데 가끔 피해 생존자들이, 존재를 부정당하는 경험을 한 이들이 내 글을 잘 보고 있다고, 감사하다는 말을 전해왔다. 그때마다 정신이 번쩍 들었다. 부끄럽지 않게, 내 몫을 다 하고 살아야 한다는 경종 같아서였다. 이 책은 그들의 용기에 빚지고 있다.

마지막으로 가장 가까이서 책이 나올 수 있도록 도와준 나의 동반자 예지와 가족들, 한겨레출판의 김진주 편집자님, 힘든 시절을 버티고 있는 수많은 페미니스트들에게 감사를 전한다.

어두컴컴한 작은 방 하나를 밝히는, 대피소에서 잠시 손을 녹일 수 있는, 세상을 바꾸는 행진의 뒤쪽에 있는 불…. 그렇게 《차별을 훔치는 남자들》이 하나의 '불'이 되길 바라며 이 세상에 내놓는다.

박정훈

3부
그럼에도 함께할 수 있다면

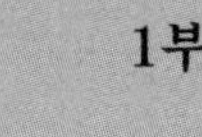

1부

집단 착시에 빠진 남자들

남자아이들은
어떻게 인셀이 되어가는가

고요한 아침, 갑자기 무장 경찰이 집에 들이닥쳐서 총을 겨눈다. 네 가족이 영문도 모른 채 아연실색하는 사이 경찰은 영장을 제시하고, 아들을 '살인 혐의'로 체포한다. 경찰이 방으로 들어오자, 겁을 먹고 바지에 오줌을 싸는 열세 살짜리 남자아이가 살인이라니. 이렇듯 넷플릭스 4부작 드라마 〈소년의 시간〉은 시작부터 강렬하고 충격적이다.

〈소년의 시간〉은 50분에서 1시간가량의 에피소드 한 편을 장면 전환 없이 원 테이크로 촬영한 것도 감탄을 자아내지만, 무엇보다 살인범이 된 소년을 둘러싼 사회적 구조를 면밀히 관찰하고 짚어내는 과정이 인상적이다. 1편은 살인 혐의로 체포된 제이미(오언 쿠퍼)가 구치소에서 첫 면담을 하는 모습을, 2편에서는 무질서하고 혼란스러운 학교를, 3편에서는 SNS와 또래 문화 속에서 비뚤어진 남성성을 갖게 된 제이미(오언 쿠퍼)의 속내를, 4편에서는 사건 이후 제이미 가족의 고통을 다루고 있다.

그런데 〈소년의 시간〉은 '왜 살인을 했는가?'라는 질문에 명확한 해답을 제시하지 않는다. 다만 아이들이 어떤 환경에서 자라는지, 또는 자라날 수 있는지 보여줄 뿐이다.

"저도 16세 아들, 14세 딸과 함께 집에서 보고 있습니다. 젊은 남성들이 온라인에 영향을 받아 저지르는 폭력은 혐오스럽고 우리는 반드시 해결해야 합니다."[1]

키어 스타머 영국 총리가 자신도 〈소년의 시간〉을 보고 있다며 한 말이다. 그의 말처럼 "젊은 남성들이 온라인에 영향을 받아 저지르는 폭력"은 이제 매우 심각한 사회 문제가 됐다. 그런데 정작 이를 막고 해결해야 하는 어른들은 온라인에서 아이들이 어떤 것을 보고 배우는지 모른다. 이 같은 사실은 〈소년의 시간〉에서도 드러난다.

경찰은 피해자인 케이티(아멜리아 홀리데이)와 가해자인 제이미의 관계를 인스타 게시물로 추정한다. 케이티가 가끔 제이미 인스타 게시물에 댓글을 달기 때문에 친구가 아니겠냐면서. 하지만 실상은 달랐다.

"아빠는 애들이 뭐 하는지 못 읽어. 무슨 일이 일어나고 있는지…. 케이티(피해자)가 뭐라고 썼는지 봤겠네."

루크 배스컴 경위(애슐리 월터스)가 수사에 난항을 겪자 그의 아들인 아담 배스컴(아마리 바쿠스)은 케이티가 남긴 댓글의 뜻을 알려준다. 케이티가 남긴 빨간 알약·100점·다이너마이트 이모티콘 등이 '메노스피어(남성중심의 온라인 커뮤니티와 웹사이트)'에서 어떻게 쓰이고 있는지에 대해.

빨간 알약 이모티콘은 영화 매트릭스에서 따온 것으로 '젠더 정치의 진실에 눈을 뜬다(이와 관련된 행동을 촉구한다)'는 뜻이고, 100이라는 이모티콘은 매노스피어에서 공유되는 '80 대 20 법칙'을 의미한다. 여성의 80퍼센트가 전체 남성의 20퍼센트에만 끌리면 나머지 남성들은 여성들을 속여야만 만날 수 있다는 뜻이다. 다이너마이트는 빨간 약이 터진다는 뜻으로 '인셀적 신념'을 지닌 사람들을 가리킨다고 한다.[2]

여기서 '인셀Involuntarily Celibate'은 '비자발적 순결주의자'의 줄임말이다. 온라인 하위문화에서 연애 또는 성적 파트너를 원하지만 구할 수 없다고 스스로 정의하는 사람들이다. 인셀은 스스로를 피해자에 위치시키며 페미니스트를 비롯한 여성들을 남성을 억압하거나 무시하는 '적'으로 상정하는 집단이다.

이런 인식이 왜곡된 성 인식을 불러오고, 여성혐오 범죄로 이어지고 있다. 실제로 n번방, 딥페이크 성착취 가해자들은 자신들의 폭력이 일종의 복수극인 양 가장한다. 피해자들이 '성적으로 문란해서' '나와 만나주지 않아서' 등의 말도 안 되는 명분을 만들어 스스로의 온라인 성범죄를 정당화하는 것이다.

한국의 '인셀 커뮤니티'의 대표주자는 역시 일베라고 할 수 있다. 여기서 파생된 여성혐오의 논리가 여전히 한국의 남초 커뮤니티를 지배한다. 사회학 연구자 김학준은 《보통 일베들의 시대》[3]에서 2011~2020년 일베 게시물 전수(약 81만 건)를 수집해 빅데이터 분석한 자료를 보여준다. 실제로 일베 게시물 중 혐오표현을 분류해보니 단순 악플을 제외하고는 여성·가족에 대한 혐오표현이 가장 많았다.

여성·가족 혐오표현 게시물 중 '결혼'과 '관계' 토픽은 40퍼센트가량을 차지했다. 김학준은 일베 유저들이 결혼을 욕망하면서도 동시에 '결혼해봤자 아내의 시녀가 될 뿐'이라는 인식을 공유하며, 로맨틱한 사랑에 대한 꿈과 그에 대한 '여자들의 배신'이 썰의 형태로 공유된다고 지적한다. 명백하게 '인셀적 사고'가 드러나는 부분이다. 이어 김학준은 일베 이용자들이 한국 여성을 '김치녀'라고 일컬으며 "사랑의 이상을 물질화하고 결혼을 통한 안정의 목표를 '평등'의 이름으로 파괴하는 존재들"[4]로 본다고 강조한다.

일베는 커뮤니티 자체로는 이전에 비해선 영향력을 많이 잃었다. 하지만 그들의 퍼뜨린 여성혐오적 사고방식은 사실상 남초 커뮤니티 전반에 퍼져 있다고 해도 과언이 아니다. 특히 가부장제에 도전하며 평등을 이야기하는 페미니스트들에 대한 반감과 공격은 극에 달해 있다.

게다가 남자아이들은 아주 어린 나이부터 남초 커뮤니티에 들어간다. 그들이 좋아하는 스포츠, 게임, 애니메이션 등에 대한 정보가 있기 때문이다. 문제는 젠더에 대한 올바른 인식이 생기기도 전에, 남초 커뮤니티의 '인셀적 사고' 혹은 끊임없이 여성들을 공격하는 문화를 먼저 접한다는 점이다. 그 속에서 페미니즘은 '성평등 사상'이 아니라 '남성을 깔보는 반사회적 사상'이므로, 페미니스트를 공격하는 모든 시도는 박수를 받는다. 그것이 음모론에 기반한 것이라고 하더라도 그들은 상관없다고 생각한다.

《인셀 테러》의 저자 로라 베이츠는 10~20대 남성들이 여성혐오 극단주의에 빠지는 상황을 정치적·이데올로기적 착취로 본다. 극우파·극단주의자들이 자신의 세력을 모으기 위해 소년들을 표적으로 삼고, 의도적으로 여성에 대한 증오를 부추긴다는 것이다. 이들은 자신이 여성을 혐오하고 있다는 사실을 모른다고 로라 베이츠는 진단한다.[5]

실제로 한국에서도 남성 청소년들이 극우 집회·안티페미니즘 집회에 나가는 모습이 목격됐다. 더불어 한국은 주류 정치권이 남초 커뮤니티의 목소리를 적극적으로 받아들였다. 여성혐오에 대해서는 눈을 감고 남성 청년들의 '힘들다, 억울하다'는 목소리에만 초점을 맞춰 여성들을 향한 근거 없는 분노를 정당화시켰다. 심지어 윤석열은 남초 커뮤니티에서 줄곧 주장했던 '여성가족부 폐지'를 수용하면서 대통령에 당선되기까지 하지 않았던가. 남초 커뮤니티의 여성혐오가 은연중에 사회적 승인을 받은 탓에 남자

아이들이 극단주의에 물들 가능성은 더욱 높아졌다. 그런데 부모와 선생님은 아이들이 무엇을 보고, 어떤 행동을 하는지 알 수가 없다. 통제권을 사실상 상실한 셈이다.

〈소년의 시간〉에서 제이미의 아빠 에디 밀러의 말은 '부모도 모르는 사이에 아들이 범죄자가 될 수 있는 환경'이 무엇인지 정확히 짚고 있다. "내가 너무 관심을 안 줬나 봐. 근데 자기 방에 있었잖아. 우린 안전하다고 생각했어. 애가 안전한 줄 알았지. 그 안에서 무슨 나쁜 짓을 하겠어? 우리가 잘하고 있는 줄 알았어." 아마 많은 한국의 부모들도 공감하는 상황일 것이다. 이렇듯 '여성혐오 극단주의'에 빠져드는 남자아이들의 문제는 외면해서도, 외면할 수도 없는 지경에 이르렀다.

〈소년의 시간〉의 가장 탁월한 부분은 매우 복잡한 중층의 문제를 단순화하지 않았다는 점이고, 그것이 이 드라마를 픽션으로만 볼 수 없게 한다. 현실에서 우리 모두가 머리를 맞대지 않으면 안 된다는 절박함이 들도록 한다. 문제의 본질이 '여성혐오'라는 사실을 망각하고, 아이들을 감시하거나 그저 '내 말이 맞다'고 가르치는 것은 해답이 될 수 없다. 그러면 아이들은 또다시 커뮤니티로 깊숙이 파고

든다. 아이들이 변하길 바란다면, 어른들이 먼저 변해야 한다. 특히 남자 어른들이.

로라 베이츠는 '여성혐오 극단주의'에 맞서는 일이 여성과 소녀들에게만 해당되는 문제가 아니라며, '길을 잃고 방황하다 사회적 고정관념의 틈새로 추락해서, 너희의 남성성, 생계, 나라가 위협당한다는 공포를 주입하려고 기회를 엿보는 커뮤니티의 품속으로 직행하게 된 소년들을 보호하기 위한 전투이기도 하다'[6]고 지적한다. 그는 여성혐오 문제가 생겼을 때 주동자 한 명에게 처벌을 내리고 사건을 마무리해버린 학교와, 학교 차원에서 문제를 인정하고 수년간 남성 교직원들을 중심으로 대규모 토론을 통해 이 문제를 다뤄온 학교를 비교한다. 그러면서도 '남성 역할모델'들이 책임감 있는 의지를 발휘한다면 변화할 수 있다고 말한다. 또한 남성성이 문제라면 '새로운 형태의 남성다움'을 결정하고 이끌어가야 하는 것은 남성 자신이라는 점을 강조한다.

〈소년의 시간〉도 '남자 어른'에 주목한다. "전 그냥 담임이었어요. (…) 저는 몰라요. 이 애들은 통제가 안 돼요. 제가 뭘 어쩌겠어요"라고 책임을 피하는 제이미 담임의 모습은 처참하고 부끄럽게 느껴진다. 심지어 사건을 수사하는 루크 배스컴 경위조차 아들 애덤을 '아들'이라고 부른 게 처음일 정도로 아들과의 사이가 소원해 보인다. 그러나 나중에 루크 배스컴 경위가 애덤에게 "감자튀김과 콜라를 같이 먹자"라며 "학교는 어땠어?"라고 물어보는 장면을 그려내면서, 남자 어른들이 지금보다 더 나은 행동을 할 수 있다는 것도 보여준다.

10대의 여성혐오와 극우화는 하늘에서 뚝 떨어진 게 아니다. 여성을 차별하고 성적 대상화하는 기성세대의 남성문화가 온라인에 맞게 변형되어 이어진 것에 가깝다. 이해하지 못하겠다고 규정하고 비난할 것이 아니라, 지금껏 남자 어른들이 만들어왔던 남성 지배 사회의 여성혐오부터 들여다봐야 한다. 그다음은, 루크 배스컴 경위가 했던 것처럼 아이들에게 먼저 말을 걸고 듣는 과정이 필요하다. 이것만으로 모든 게 달라지진 않지만, 이조차 하지 않으면 세상은 아예 바뀌지 않는다. 남자 어른들이 어떠한 성찰 없이 계속 페미니즘을 만악의 근원처럼 말하는 것에만 급급하다면, 아이들은 더더욱 위험한 수렁 속으로 빠질 수밖에 없을 것이다.

'안티 페미니즘'은
10대를 극우로 이끈다

‘안티 페미니즘’은 남성 청소년을 이해하는 데 꼭 필요한 키워드다. 안티 페미니즘이 최근 남성 청소년 온라인 놀이문화의 핵심적 역할을 차지하고 있기 때문이다. 이들은 ‘페미’나 공학 전환 반대 시위가 있었던 ‘동덕여대’ 등을 일종의 욕설처럼 사용하면서 즐거워한다. 실제 성평등이나 페미니즘이 어떤 가치를 담고 있는지 인식하기도 전에, 온라인 공간을 통해 페미니즘이나 페미니스트를 비하하는 언어부터 수용하는 것이 현실이다.

이를테면 남성 청소년들은 영국의 프리미어리그 축구 클럽들에 관심이 많다. 커뮤니티에서 팬들끼리 싸우는 경우도 다반사다. 그런데 이때 그들이 즐겨 쓰는 혐오표현들이 클럽의 이름 앞에 붙는다. 특히 첼시라는 팀에 붙는 혐오표현들은 심각한 수준이다. 과거에는 첼애우(첼시+장애우)라는 표현이 주로 쓰이다가, 최근에는 첼미니스트(첼시+페미니스트), 첼장연(첼시+전장연)이라고 불리기까지 한다. 그들이 생각하는 '나쁜 것'을 클럽명에 붙이면서 비난하는 것이다. 페미니스트에 대한 조롱이 만연한 분위기, 이준석 의원을 비롯한 정치인들의 전장연(전국장애인차별철폐연대) 폄하 등이 그러한 혐오표현을 아주 자연스러운 일처럼 만들었다.

또한 최근에는 '갈드컵'이라는 말도 퍼지고 있다. 디시인사이드 리그 오브 레전드(롤) 갤러리에서 타팀 팬들을 비난하며 '~갈'이라고 부르고, 이들끼리 싸우는 행위를 '갈드컵'이라고 하는데, 이는 '메갈(메갈리아)'에서 비롯된 말이다. 남성 청소년 또는 청년들은 상대방을 페미니스트나 페미니즘과 연결시켜 일컫는 행위를 가장 강력한 수준의 비하나 조롱으로 여긴다는 것을 알 수 있다.

페미니즘의 정의는 "성차별주의와 그에 근거한 착취와 억압을 끝내려는 운동"[7]이다. 하지만 실제 청소년들은 이와 같이 생각하지 않는다. '남성을 잠재적 가해자로 낙인찍는 것' '남성을 비하하거나 혐오하는 것' '여성 우월주의' 등으로 페미니즘을 생각한다. 더 큰 문제는 안티 페미니즘이 뻗어나가는 방향성이다. 진보적 의제를 추진하는 사람·집단·정당에 대한 공격, 정치적 올바름이나 다양성 추구에 대한 비난은 안티 페미니즘과 한 몸처럼 간다. 이는 여성, 이주민, 소수자에 대한 차별이나 공격을 자행하는 극우세력과의 결합을 만들어내기도 한다. '남성들이 여성들에 의해 차별받고 있다'는 착각을 이대로 내버려둬도 정말 괜찮을까?

최근 각 언론사에서는 '10대 극우' 현상과 이를 뒷받침하는 안티 페미니즘에 주목하고 있다. "극우적 세계관이 이미 '주류'가 됐다"[8]거나, "'10대남 현상'이라 불릴 만한 극우화 흐름이 확인됐다"[9]라고 진단하고 있다.

《시사IN》에서 2025년 2월 한국리서치에 의뢰해 진행한 〈2025 유권자 인식 여론조사〉[10]에서 "지나친 페미니즘의 영향을 막기 위해서라면 법 규칙을 어기거나 무력을 사용하는 게 정당화될 수 있다”는 질문에 20대 남성 32퍼센트가 동의했다(30대 남성 25퍼센트). 10대 남성은 해당 질문의 대상이 아니었지만, 비슷한 인식이 있을 것으로 추정된다. 그렇다면 성인에 비해 상대적으로 경험이 부족하고 주변 환경에 영향을 많이 받는 10대들은, 안티 페미니즘을 행동으로 옮길 가능성도 적지 않다는 이야기다.

이미 온라인상에서는 페미니스트를 향한 무분별한 사이버불링이 벌어지고 있다. 《주간경향》은 “성평등을 지향한다면 (선생님도) 페미니스트가 맞지”라고 말했다가 신남성연대로부터 공격을 당하고, 국민신문고에 파면 요청이 올라왔다는 교사의 사례를 소개하고 있기도 하다.

나아가 10대들 사이에선 안티 페미니즘을 매개로 극우적 세계관이 확산된다. 이러한 극우적 세계관은 소수자와 약자에 대한 차별을 정당화하고 음모론을 주장하면서 ‘안티 페미니즘’을 더 공고한 하나의 신념으로 만든다.

《한국일보》에서 10대 극우화에 대해 다룬 〈소년이 자란다〉 기획을 맡은 기자는 민주언론시민연합과의 인터뷰[11]에서 “극우·혐오 콘텐츠를 소비하는 청소년들은 (…) 콘텐츠의 옳고 그름을 따지지 않고 재미만 판단해 즐긴다”라며 "(여학생들과 달리 남학생들 사이에선) 누군가 불쑥 혐오·차별 표현을 쓰면 '저 녀석 웃기다. 재미있네' 하고 주목받는다"라고 밝혔다.

'재미'의 외피를 쓴 혐오·차별 행위에, 조롱과 모욕에 동조하게 되고, 결국 이는 쉽게 범죄로 유입되는 계기가 된다는 점에서 위험신호라고 볼 수 있다. 해당 기획에서는 한국 교실의 현재 상황을 "(교육의 목적인) 자주적 생활능력과 민주시민으로서 필요한 자질을 갖추게 해 인간다운 삶을 영위하게 하는 것에 실패"했으며, "그 결과는 약자 혐오·차별을 내면화하고 성장하는 소년, 나아가 청년들의 모습으로 되돌아오고 있다"[12]라고 진단했다.

교실의 상황도 점점 참혹해지고 있다는 보도가 곳곳에서 나오고 있다. 10대 남성들 사이에서 일명 '계집신조'라는 글이 퍼지면서 언론에 알려지는 일이 있었는데, 그 내용이 매우 섬뜩했다. ▲ 여자가 낼 수 있는 소리는 설거지할 때 물소리와 서방님 밤일을 돕는 소리뿐이다. ▲ 여자는 남자가 부르면 "네 주인님"이라고 대답해야 한다. ▲ 여자 목소리는 80데시벨을 넘어선 안 된다. 이런 여성혐오적 항목이 열 개나 있다. 최근에는 한 고등학교 체육대회에서 학생들이 '계집신조'의 일부 내용을 피켓에 적어서 논란이 되기도 했다.

MBC 라디오 〈김종배의 시선집중〉[13]에 따르면 계집신조는 군대의 복무신조를 패러디한 것으로, 2022년 일베 등에서 파생됐다. 최근 틱톡이나 릴스(인스타그램)을 통해서 다시 콘텐츠화되어, 10대 남학생들이 공유하고 있다고 한다. 심지어 남자 학생들이 '계집신조'를 직접 읽어서 여자 학생들에게 들려주는 일까지 발생하고 있다.

'계집신조'가 퍼지고 있는 상황은 남성 청소년들 사이에서 어떤 '선'이 무너졌음을 보여주는 것을 의미한다. 물론 실제로 남성 청소년들이 계집신조의 내용에 동의한다고 보기는 어렵다. 그러나 여성혐오로 가득 찬 글이 청소년들 사이에서 돌려보면서 웃을 수 있는 '유머 글'이나 페미니즘에 대한 '반격'처럼 여겨진다는 점, 더불어 여자 학우들을 놀리기 위해 이 글을 읽음에도 어떠한 제재를 받지 않는다는 사실은 여성혐오가 일종의 놀이가 된 현실을 보여준다. 일례로 남초 커뮤니티를 둘러보면 다수가 여성을 지칭하는 말로 '계집'을 쓰고 있었으며, "술과 계집을 대령하라"는 '밈(온라인상에서 유행하는 용어 및 콘텐츠)'을 적극적으로 사용하는 것을 볼 수 있었다.

이뿐만이 아니다. 비슷한 내용으로 "제육이나 볶아라 (앞에 '계집은'이 붙기도 한다)"는 말이 있다. 한 인터넷 방송인이 새벽에 자다가도 남성이 원하면 일어나서 제육볶음을 만들어주는 그런 아내를 원한다고 발언했고, 이후 "제육이나 볶아라"는 10대 남성들이 즐겨 쓰는 말이 됐다. 해당 인터넷 방송인은 극우 세력이나 여성혐오 콘텐츠를 만드는 이가 아님에도, 10대 남성들이 이러한 발언을 '재미있다'고 쓰기 시작하면서 일종의 밈이 된 것이다.

2025년 11월에는 현직 초등학교 선생님이 교사 커뮤니티에 올라온 한 선생님의 하소연을 전했는데, 이 내용이 다수 언론에 기사화된 바 있다. 요약하자면 "(남자 학생들이) 교사의 모든 말에 성적으로 반응, 포르노에서 나오는 대사를 끊임없이 큰 소리로 외침, 신음소리 지속"이라는 내용이었고, 이 글을 공유한 많은 학생들이 자신의 학교에서도 있는 일이라며, 특히 남자들의 '신음'은 일상화되었다고 고발했다.

이는 유명 인터넷방송 BJ가 일본의 포르노물을 흉내내는 '앙 기모띠'라는 말이 감탄사나 추임새가 되어버린 것과 무관하지 않다. 어떤 콘텐츠나 밈이 여성을 비하한다는 지적을 할 새도 없이, 10대 남성들이 온라인상에서, 또 학교에서 광범위하게 쓰기 시작한다. 어른들이 지적했을 때는 이미 통제가 어려운 경우가 대부분이다.

유튜브나 인스타그램, 남초 커뮤니티 등을 통해 여성을 비하하는 밈은 빠르게 퍼져나가고, 그것을 청소년들은 문제의식 없이 받아들인다. 하지만 정작 교실에선 성평등에 관해 이야기할 수 없는 분위기이며, 남성들 사이에서는 자연스럽게 여성혐오적 언행을 수행하면서 동질감을 느끼는 '또래문화'가 형성된다. 이처럼 우리 사회가 온라인을 매개로 한 다양한 폭력과 혐오에 적절하게 대응하는 법을 찾지 못하는 동안, 청년 남성들은 온라인상의 여성혐오에 무방비로 물들어가고 있다.

2017년에는 한 남성 유튜버가 '남성 비하' 논란에 휩싸인 여성 유튜버를 비난하며, 집에 찾아가겠다고 살해 협박을 한 적이 있다. 그런데 더 놀라운 것은 이에 동조해 수많은 초등학생이 얼굴을 공개한 채로 여성 유튜버를 저격하는 영상을 올렸다는 점이다. 예산 삭감 등으로 학교에서 '성평등 교육(관계 맺음이나 안전에 관해 이야기하는 '포괄적 성교육’)’이 지속적으로 이뤄지지 않고, 한국 사회가 ‘남성 피해자’를 호명하며 안티 페미니즘을 승인하는 사이에, 남성 청소년들은 자신이 저지르는 짓이 얼마나 심각한 범죄인지도 모르는 채 여성을 공격하거나 성적으로 희롱하는 것에 동참하는 상황이다.

검찰청 〈범죄분석통계〉에 따르면 성폭력을 저지른 소년 범죄자는 2014년 10만 명당 26.1명에서 2023년 10만 명당 60.5명으로 증가했다. 9년 사이 강도·폭행·절도는 줄어들었지만, 성폭력은 약 2.3배 늘어난 것이다. 또한 경찰청 국가수사본부가 2024년 11월부터 2025년 10월까지 1년간 적발한 사이버 성폭력 피의자 중 10대 비율이 47.6퍼센트였고, 특히 딥페이크 성범죄 피의자 61.8퍼센트는 10대였다.[14] 누리꾼들이 직접 만든 ‘딥페이크 피해 지도’에 500여 개 이상의 학교가 피해 학교로 등록됐다는 것을 생각하면 이상한 일이 아니다. 딥페이크 성범죄는 학교 친구, 직장 동료, 지인 등에 의해 일어난 범죄다. 여성 입장에서는 자신이 맺고 있는 모든 관계와 공동체에 대한 불신이 가중될 수밖에 없어서 더욱 중대하고 처참한 범죄다.

이 같은 범죄가 남성 청소년들 사이에서 횡행하고 있

다는 사실은 여성 청소년들에게도 매우 큰 위협이 된다. 믿었던 친구들이 자신이나 자신 주변의 여성들을 상대로 불법합성물을 만들었다는 사실을 알게 되면, 또래 남성들에 대한 신뢰를 잃을 수밖에 없고, 학교나 학원 등의 공간도 더 이상 안전하다고 느끼기 어렵게 된다.

딥페이크 성범죄에선 여성에 대한 그릇된 젠더 인식이 엿보인다. 실제로 일명 '지인능욕방'에 잠입한 기자의 취재기[15]에 따르면 대화방에선 "여자 인스타 해킹해봤는데 '여자는 못 믿는다'를 배웠다" "친구 여친 1명은 '○○'인 걸 알았다"는 식의 얘기가 주를 이뤘다고 한다.

실재하는 여성이 아니라 남성을 억압하고 무시하는 '가상의 가해자 여성'을 상정하고, 스스로를 피해자로 위치시키는 것. 이는 '인셀 문화'가 드러난 부분이다. 비슷한 예로 2024년에는 자신을 '도태남 인권운동가'라고 소개한 10대 남성이 한 유튜브에 사연을 보내, 연애 양극화를 해소하기 위해 '연애 추첨제'를 도입하자는 이야기[16]를 꺼내서 논란이 된 적이 있다. 이처럼 여성을 '포식자'로 남성을 '피식자'로 보는 극단적이고 왜곡된 인식은, 딥페이크 성범죄를 비롯해 사이버불링, 스토킹 등으로도 이어질 수 있다는 점에서 우려된다.

딥페이크 불법합성물은 손쉽게 만들어진다. 텔레그램 방에 들어가서 사진을 넣으면 AI봇이 몇 초 만에 합성 사진을 만들어준다. 이를 다운받아 금세 다른 방에 올릴 수도 있으니, 누구나 딥페이크 성범죄에 가담할 수 있는 구조인 것이다. '중대한 성적 침해 행위'임에도 남성 청소년들은 너무나도 쉽게 불법합성물을 접할 수 있고, 또 자신이 직접 만들 수도 있다. 반면, 남성 청소년들이 딥페이크 성범죄의 심각성을 얼마나 인지하고 있는지 의문이다.

또한 딥페이크 성범죄에 대해 언론의 주목도가 높아지고 이에 따라 '딥페이크 성범죄 방지법'까지 만들어졌지만, 오히려 남초 커뮤니티 등에서는 한 언론의 기사 제목이었던 "딥페이크 범죄 가담 22만 명"이 아닐 거라고 주장하는 데만 초점을 맞춘다. 즉, 내 주위에 피해자가 있는지 걱정하는 것이 아니라, 딥페이크 성범죄를 규탄하는 분위기가 오히려 남성을 잠재적 가해자로 몰아갈까 봐, 또 국가에 의한 '검열 강화'가 일어날까 걱정하는 모습을 보였던 것이다. 딥페이크 성범죄를 근절하자는 움직임에 대해, 페미니스트 여성들과 청년(청소년) 남성들 혹은 페미니즘에 장악

된 (가상의) 권력기관과 남성들 간의 '힘싸움'으로 보는 왜곡된 시선이 대두되는 상황이라고 볼 수 있다.

이를테면 남초 커뮤니티 유저들은 AI로 불법 합성사진을 만들어주는 텔레그램 채널에 22만 명이 들어가 있다는 언론 보도에 대해, 텔레그램 가입자 중 한국인 비율이 0.33퍼센트이므로 해당 채널에 들어간 한국인은 700여 명밖에 안 된다고 주장했다. 그러나 이 계산은 부정확할뿐더러, 《한겨레》가 취재한 '겹지인방'에만 이미 3600여 명이 접속[17]해 있었다는 사실만으로 반박이 가능하다. 또한 보안서비스 업체 '시큐리티 히어로'가 공개한 '2023 딥페이크 현황' 보고서에 따르면 2023년 7월부터 8월까지 상위 10개 딥페이크 포르노 웹사이트와 유튜브, 데일리모션 등에 있는 85개 딥페이크 채널을 분석한 결과, 딥페이크 성착취물에 등장한 인물 중 53퍼센트가 한국 국적이었다.[18]

그러나 남성 청소년들은 이러한 현실을 명확하게 인식하지 못하며, 성범죄 문제에 대해 여성들과 공감대를 형성하지도 못하고 있다. 그러다 보니 성적 침범, 성적 괴롭힘에 대한 경각심도 부족하다. 성평등 교육활동가 이한[19]은 "디지털과 관련된 성 문제가 학교에서 비일비재하다"

라며 "(학교에서) 남자 청소년들끼리 단톡방 등에서 (포르노) 영상을 돌려보는 경우가 있는데, 여자 청소년들이 불쾌하다고 문제제기를 하면 '너한테 보여준 것도 아닌데 유난이야'라는 식으로 대응한다"라고 밝혔다.

성범죄를 근절하자는 이야기에도, '왜 남자들에게만 뭐라고 하느냐'라는 반박이 나오거나, '남성의 권리를 빼앗는다'는 식의 음모론이 나오는 상황은 비극이다. 범죄라는 인식도 없는 상태에서 벌어지는 디지털 성폭력, 남초 커뮤니티를 중심으로 퍼지는 극단적 사상, 이로 인해 일어나는 학내 갈등. 오프라인과는 또 다른 온라인 공간을 알지 못하는 부모와 교사의 무관심 혹은 무대응. 이 모든 것은 허구적인 이야기가 아니라, 현실에서 벌어지는 일이다.

그렇다면 10대의 극우화와 안티 페미니즘은 남성 청소년들이 유독 이상하게 자랐기 때문일까? 아니다. 결국 우리 사회의 현 모습에서 그 근본 원인을 찾아야 한다. 특히나 남성 청소년의 성범죄나 여성을 향한 공격은, 기성세대가 쌓아 올린 성차별, 여성혐오 구조와 무관하지 않다. 남성 청소년의 문제를 이야기하기 위해선, 여성을 배제하거나 도구화한 '주류적인 남성문화'를 이야기해야 하는 이유다. 남성 청소년들이 온라인에서 나타내는 공격성과 혐오의 표출은, 하늘에서 뚝 떨어진 게 아니라 기존에 존재했던 우리 사회의 일면을 반영하거나 모사한다는 점을 잊어선 안 된다.

'대안적 남성성'에 대한 고민도 필요하다. 경기도교육연구원에서 낸 〈중고등학생의 페미니즘 백래시 실태와 대응 방안 모색〉 보고서에 따르면 남성성 규범 동의 수준이 낮은 남학생 집단에서 페미니즘 백래시 인식이 높게 나타났다(동의 수준이 높다).[20] 남성성 규범 동의 정도를 조사하기 위한 세부 문항은 ▲ 남자는 겁이 나도 티를 내지 말아야 한다. ▲ 남자는 문제 해결에 적극적으로 나서야 한다 등이었다.

연구진은 이를 "남성성 규범의 가장자리에 있는 학생들이 그들의 남성으로서의 정체성에 대한 위협의 원인을 페미니즘을 돌리려는 시도로 해석될 수 있다"라고 진단한다. 나아가 "남성들 중에도 여성과 마찬가지로 남성성 규범에 의해 억압되는 존재가 있고, 그들에게 필요한 것은 무엇보다 남성성 규범의 해체"라고 강조한다. "가부장적이지 않고 남성중심적 질서에 포섭되고 싶지 않은 욕망을 가진 이들”의 남성 롤모델이 부재하기 때문에, 이들은 탈가부장이나 성평등을 이야기하는 대신 오히려 페미니즘이 자신들을 '남자답지 못하게' 만들고 있다고 주장하는 것은 아닐까.

남성 청소년의 젠더 인식이 어떻게 만들어지느냐는 결국 우리 사회 전반의 젠더 인식에 달려 있다. 우리 사회가 얼마나 성평등한가, 성폭력 근절 의지가 강한가, 가부장적 질서에서 탈피하고자 하는가에 따라 남성 청소년들은 변화할 수 있다. 반면 기존의 성차별과 여성혐오적 관습을 그대로 내버려둔 채, 안티 페미니즘의 확산에 방관하고 있을 때 남성 청소년들은 더 깊은 수렁에 빠질 것이다.

'밀양 성폭력'과 교제살인,
20년간 바뀌지 않은 남자들

2004년의 '밀양 성폭력 사건'이 20년이 지난 2024년에 다시 재조명됐다. 사건 가해자로 추정되는 한 남성이 유명 유튜브 채널에 등장했다는 사실이 누리꾼들에 의해 뒤늦게 알려지면서, 6월 초부터 온라인 커뮤니티와 유튜브 등에서는 가해자 색출 및 신상공개 작업이 시작됐다. 20년이 지났음에도 재차 공분이 일어날 만한 사건이다. 한국성폭력상담소 자료에 따르면 피해자는 1년여 가까이 44명의 가해자에 의해 고통받았다. 그런데 수사 과정에서도 피해자를 보호하고 도움을 줘야 할 경찰이 피해자에게 "밀양 물을 흐려놓았다"는 등의 말을 하며 2차 피해를 입혔다. 동시에 수사 과정에서의 보호도 미흡해, 가해자 가족의 압박과 모욕에 피해자 가족을 노출시켰다.

검찰 역시 가해자 44명 중 10명만 기소하고, 20명은 송치, 13명은 '공소권 없음'으로 기각했다(1명은 다른 사건 재판으로 울산지청에서 타 청으로 송치). 재판부는 기소된 이들에게조차 전과가 남지 않는 '소년부 송치' 결정을 내렸다. 재판부는 피해자가 합의했으며, '평온한' 학교생활을 하고 있다는 것을 근거로 면죄부를 준 것이다. 그러나 실상 합의는 아버지의 강요에 의한 것이었고, 피해자는 학교를 결석하고 가출한 상태였다.[21]

일상 회복과 치유를 원했던 피해자는 사건이 세상에 알려진 이후에 오히려 더 큰 상처를 입었다. 서울로 전학을 갔지만, 가해자 부모가 소년원에 있는 아들을 위해 탄원서를 써달라고 교실까지 찾아온 이후로는 학교도 그만뒀다.[22] 가해자는 전과 기록도 남지 않았는데 피해자는 여전히 고통 속에 살고 있었다. 그야말로 '법이 누구의 편인지' 물을 수밖에 없는 상황. 이미경 한국성폭력상담소 이사[23]

에 따르면 2024년까지도 피해자는 "주거환경도, 사회적 네트워크도, 심리적·육체적 건강도 불안정한 상황"이고 "정식 취업이 어려워 아르바이트 및 기초생활수급비로 생계를 이어오고 있다"라고 한다.

그러나 일사부재리 원칙에 따라 수사도, 판결도 다시 할 수 없다. 그렇기 때문에 일반 대중이 직접 심판을 해야 한다는 목소리도 점점 커져왔던 것도 사실이다. 일명 '사적 제재'다. 그러한 여론을 등에 업고 유튜버들은 가해자 신상 공개 및 저격 콘텐츠를 만들어냈고, 사람들은 이에 환호했다. 그 사이 피해자의 동의를 받지 않았음에도 '동의를 받았다'고 주장하거나, 피해자와의 통화와 밀양 성폭력 사건의 판결 내용을 무단으로 올리는 유튜버까지 등장했다. 심지어 가해자를 잘못 지목해 사건과 관련 없는 사람들에게까지 피해를 주기도 했다. 여기에 더해 언론들은 그러한 '정의 구현' 콘텐츠와 이에 대한 사람들의 반응을 중계하다시피 해서 조회수를 끌어당겼다. 사람들이 '정의'와 '응징'을 앞세우는 사이, 피해자의 삶은 또 뒷전이 됐다.

"앞으로도 유튜버의 피해자 동의와 보호 없는 이름 노출, 피해자를 비난하는 행동은 삼가주셨으면 좋겠습니다. (…) 경찰, 검찰에게 2차 가해를 겪는 또 다른 피해자가 두 번 다시는 나오지 않기를 바랍니다. 잘못된 정보와 알 수 없는 사람이 잘못 공개되어 2차 피해가 절대 생기지 않았으면 좋겠습니다."[24]

한참 유튜버들이 밀양 성폭력 사건을 피해자의 동의도 없이 파헤친다며 논란을 일으키던 2024년 6월, 밀양 성폭력 사건 피해자 지원기관인 한국성폭력상담소 기자회견에서 대독된 피해자 자매의 입장문이다. 피해자가 원하는 것은 무분별한 가해자 지목과 신상 공개가 아니라, 자신에 대한 보호와 평안한 일상이라는 것을 알려주는 대목이다. 동시에, 이 말은 시민들을 향해 가해자를 찾아내고 심판하면서 분노를 해소하는 판관이 아니라, 피해자의 곁을 지키는 연대자가 되라는 요청이기도 할 것이다.

유튜버 등 온라인상의 판관들은 자신의 행동을 책임지지 않는다. 익명인 경우에는 더욱 그렇다. 그러한 행태에 열광하는 이들도 '나쁜 사람을 처단하는 것'에 대리만족하는 경우가 많다. 밀양 가해자 신상공개 사태에서 볼 수 있듯 사실관계가 틀리고 맞고는 큰 의미가 없어 보이기까지 한다. 판관의 입장에서는 '우리'가 우월적 지위에 서서 '흠결 있는' 누군가를 재단하고 심판할 수 있다는 사실이 더 중요하기 때문이다. 그러니 틀려도 반성하지 않고 판관 노릇을 계속하는 유튜버들이 많을 수밖에 없다.

온라인상 심판의 대상이 꼭 범죄 가해자를 향하는 것만도 아니다. 밀양 성폭력 사건처럼 가해자가 잘못 지목되는 경우가 있는가 하면, 사소한 잘못을 저지른 사람이 커뮤니티 여론에 휩쓸려서 몰매를 맞는 경우도 많다. 심지어 진보적인 활동을 해서 사이버렉카의 저격 대상이 되는 경우도 있다.

곳곳에서 판관들의 심판이 이어지고, 그것을 우르르 몰려가서 구경하는 행태가 이어진다. 이는 분노의 표출과 정의 구현의 탈을 썼지만, 실상은 놀이에 가깝다. 모두가 욕하고 있으니 고민할 필요가 없다. 정의의 편에 선다는 (정체가 불분명한) 효능감까지 느낄 수 있다. '죄를 지었으니 벌을 받아야 한다'며 무한정 비난할 수 있기까지 하다. 비난의 화살이 잘못됐거나, 소위 '떡밥'이 떨어지면 다른 곳을 찾으면 된다. 그러니 얼마나 쉽고 즐거운 일인가.

반면 연대자는 어렵다. 책임을 지는 일이고, 기꺼이 마음을 쓰는 일이라서 그렇다. 연대는 자신의 흠결을 숨기고, 누군가의 흠결을 욕하고 평가하는 일과도 거리가 멀다. 타인을 믿어줘야 하며, 그 때문에 '모난 돌'이 되는 용기를 낼 수도 있어야 한다. 나의 부족함과 못남을 자각하고 성찰해야 될 때도 생긴다. 연대자가 되면 자연스럽게 같이 싸우게 되고, 같이 싸우지 못할 때는 죄책감을 느끼게 된다.

판관은 결국 어떤 사건이 일어난 후에 심판하는 사람이다. 그러한 성향을 지닌 이들이 우리 사회에 많아진다는 것은 한국 사회가 그만큼 공정하고 정의롭지 못하다고 느끼는 이들이 많다는 이야기일 것이다. 하지만 이들의 한계역시 명백하다. 대체로 '사후적 징벌'에만 관심 있을 뿐, 범죄 등의 피해가 일어나지 않도록 시스템을 만드는 데는 큰 관심이 없기 때문이다.

한 북토크에서 교제폭력 상담을 전문으로 하는 심리학자분을 만나 "연인에게 폭력 피해를 입었을 때 곧바로 헤어지면 좋겠지만, 친밀한 관계이기 때문에 현실적으로 어려워하는 경우가 많습니다. 가해자가 (반성한다면) 상담 등을 받도록 유도하는 것도 방법일 듯한데, 선생님은 어떻게 조언하시나요?"라고 물은 적이 있다. 그러자 그 선생님은 곧바로 "저는 단호하게 말합니다"라고 답했다. 한 번 폭력 피해를 입은 상황을 그냥 넘어간 뒤, 그다음에 자신을 찾아올 때는 매우 심각한 피해를 입은 상황이 많다면서 말이다. 그 말을 듣고 슬프고 오싹했다. 교제폭력 피해자들 곁에는 그들을 도와주고 연대할 사람이 절대적으로 필요하다는 깨달음도 얻게 됐다.

연대는 누군가의 회복을 도모하는 동시에, 사건에 개입해서 추가적인 피해를 막는 역할을 하기도 한다. 지속적이고 반복적으로 일어나는 교제폭력, 성폭력의 피해자들을 보호해주고 실질적인 도움을 주는 움직임인 것이다. 개인의 손길이 모든 곳에 닿지 않으니, 그러한 연대를 어느 정도는 시스템화하는 것이 정부나 지자체의 역할이 아닐까.

재점화된 밀양 성폭력 사건과 교제폭력에 대해 다뤘던 북토크를 생각하면서 지난 몇 년간 일어난 수많은 교제살인 사건들을 생각했다. 이별 통보를 이유로 여자친구를 살해한 '하남 교제살인 사건'과 '강남역 의대생 교제살인 사건', 가해자가 전 여자친구의 집에 무단침입한 뒤 폭행해 사망에 이르게 한 '거제 교제살인 사건', 베트남 한 호텔에서 성관계를 거부했다는 이유로 여자친구를 죽인 '베트남 교제살인 사건', 광진구의 한 다세대주택에서 여자친구를 흉기로 찔러 죽인 '광진구 교제살인 사건', 60대 남성이 이별을 요구하던 여성과 그의 딸까지 죽인 '강남구 오피스텔 교제살인 사건'까지…. 살인미수나 폭행, 방화 등까지 따지자면 이루 말할 수 없이 많다.

최근 들어서야 우리 사회가 교제폭력의 심각성을 이야기하고 있지만, 여전히 법률의 미비로 가정폭력이나 스토킹처럼 명백히 범죄로서 규정되지 않는다. 또한 친밀한 관계에 의한 폭력인지라, 손쉽게 은폐되고 있다.

한국여성의전화에 따르면 2024년 한 해 동안 언론에 보도된 '친밀한 관계 내 여성살해' 피해자는 최소 181명, 살인미수 등을 포함하면 555명이라고 한다.[25] 언론에 보도되지 않은 사례까지 합하면 이보다 훨씬 많을 것이다. 교제폭력 112 신고건수도 한 해 10만 건에 육박하고 있다.[26] 그러나 교제폭력 피의자가 구속되는 경우는 5년간(2019~2023년) 2.21퍼센트[27]에 불과했다.

성폭력, 교제폭력 등은 대부분의 가해자가 남성이고 피해자가 여성이다. 판관은 '(나와 상관없는) 나쁜 남자들'이라고 비난하고 넘어가면 그만이다. 하지만 연대자는 피해자를 보호하는 시스템을 만드는 동시에 '왜 그 남자들이 가해자가 되었는지' 물어야 한다. 그래야 사전 예방을 통해 더 많은 이를 살릴 수 있기 때문이다.

밀양 성폭력 사건의 피해자를 법률 대리했던 강지원 변호사가 지난 2016년 MBC 경남 인터뷰에서 한 말이 눈에 띄었다. "특히 남자 청소년에 대한 성교육을 제대로 하고 있는지, 이것이 얼마나 비인간적인 행동인가에 대한 공감을 하고 있는지, 이런 교육이 이뤄지고 있는지, 대책들이 만들어지고 있는지에 대해 우리가 정말 반성을 하고 우리 사회가 변화하도록 여러 가지 조치가 있어야 된다고 생각한다."[28] 그가 밀양 성폭력 사건과 같은 일이 재발되지 않기를 바라며 우리 사회에 촉구한 부분이다.

성폭력과 교제폭력 가해자의 압도적 다수가 남성이라면, 한국 사회에서 '남성됨'이 어떤 형태였는지 되돌아봐야 한다. 남성 지배의 가부장제 사회는 남성이 여성을 지배하고자 하는 것을 당연하게 생각하거나 부추긴다. 동시에 여성을 이끌거나 여성 위에 군림하는 남성을 진짜 남성으로 표상하기도 한다. 그것이 문제의 핵심이다.

성폭력이나 교제폭력은 결국 '권력'의 문제다. 여성을

지배하고 함부로 할 수 있는 '소유물'로 여기기 때문에 일어난다. 여성을 동등한 한 사람으로 생각하지 못하고 자신의 말에 복종해야 하는 존재로 생각하기에, 이별 선언이나 성관계 거부를 받아들이지 못하고 범죄를 저지르는 것이다. 그런 남성들이 우리 사회에 갑자기 등장하지는 않았다. 성평등하지 않은, 여성을 멸시하고 배제하는, 여성의 의사보다 남성의 욕구가 강조되는 그런 '차별적인 공기' 속에서 끊임없이 남성들이 길러져온 것이다.

수많은 교제폭력 살인사건이나 밀양 성폭력 사건 등의 재발 방지를 위해선 누군가를 단죄하는 것에 심취하기보다는 내 주변을, 내가 살아온 삶을 성찰하는 게 먼저일거다. 특히 나와 같은 남자들은 '나는 착한 남자'라는 착각에서 벗어나기를 부탁한다. 내가 속한 집단이 성평등한지, 그동안 젠더폭력 피해에 둔감하지는 않았는지, 여성을 성적으로 도구화하는 문화를 당연하게 여기진 않았는지 한 번쯤 돌아봐야 하지 않을까. 나아가 강 변호사의 말처럼 '우리 사회가 변화하도록 여러 조치가 있는지' 살펴보고 다같이 감시하면 좋겠다. 밀양 성폭력 사건 피해자 자매는 지난 기자회견에서 우리에게 또 하나의 당부를 남겼다. 심판하는 자리에 있을 게 아니라, 끝까지 연대해달라고.

"얼굴도 안 봤지만 힘내라는 댓글과 응원에 조금은 힘이 나는 것 같습니다. 혼자가 아니란 걸 느꼈어요. 너무 감사합니다. 잊지 않고 관심 가져주셔서 너무너무 감사합니다. 이 사건이 잠깐 타올랐다가 금방 꺼지지 않았으면 하는 바람입니다. 잠깐 반짝하고 피해자에게 상처만 주고 끝나지 않길 바랍니다."[29]

딥페이크 성범죄,
동료 시민의 자격을 묻는다

예소연의 단편소설 〈우리 철봉하자〉는 형편없는 남자
와 만나왔던 석주, 계속 형편없는 남자를 만나고 있는 맹지
의 갈등과 연대를 그린다. 석주의 임신중지 수술 비용을 내
겠다며, 석주에게 돈을 빌려간 전 남친은 헤어진 지 3년이
지나서야 돈을 갚는다. 그런 전 남친들을 몇 명 더 만나다
가 연애를 포기한 석주는, 종종 데이트 앱으로 남자를 만나
서 원나잇을 한다. 반면 맹지는 자신의 남자친구가 다이어
트를 강요하지만 "얘 말고 다른 남자가 없어"라며 그냥 연

52

애를 이어간다. 석주는 맹지를 '남미새' 취급하며 그의 남
자친구를 "쓰레기"라고 하고, 맹지는 석주의 행동에 대해
"아무나 막 대충 앱으로 만나고" "쓰레기를 만나거나 쓰레
기가 되거나"라면서 비난한다.

소설 〈우리 철봉하자〉는 최근 '남성과의 관계'를 둘러
싼 여성들 사이에서의 고민과 갈등을 잘 묘사하고 있다. 실
제로 여성들 사이에서 '남성에 연루(?)된 여성들'을 비난하
거나 보이콧하는 경우를 종종 보게 된다. 탈가부장제와 페
미니즘을 함께 외치거나, 혹은 주체적인 모습을 보여왔던
여성 동료 혹은 인플루언서가, (특히 해당 여성보다 외모나 능
력면에서 떨어져 보이는) 남성과의 만남을 드러내고 자랑하는
것에 대한 실망감과 배신감을 드러내는 것으로 보인다. 남
성에 대한 의존 내지 애착을 강하게 드러내는 것은 암묵적
인 '여성 연대'를 깨는 행위로 간주하는 것이다.

이 같은 현상은 페미니즘 리부트 이후 청년 여성들이
'남성 파트너'를 일종의 리스크로 생각하기 시작하면서 비
롯됐다. 남성과 깊은 관계를 맺는 것은 자신의 자원을 낭비
하거나 삶을 위협할 수도 있는 일인 것이다. 그러므로 '리
스크 관리'를 해야 한다. 그건 아예 비이성관계나 비연애일

수도 있고, 아니면 마음에 드는 이가 있더라도 혼인제도(비혼)나 아이(비출산)로는 엮이지 않는 방식일 수도 있다. 위험을 줄이는 게 관계의 중요한 부분으로 자리 잡게 된 것이다.

청년 여성들이 남성과의 관계를 리스크로 여기게 된 것은 이들의 성장환경에서도 기인한다. 최근 한 커뮤니티에서 〈여초 카페에서 5000명 이상이 참여하고 득표율 90퍼센트 이상 나온 투표〉[30]라는 게시물을 보게 됐다. 원글은 여성시대의 〈솔직히 우리 엄마는 아빠 만나고 인생 폈는지 말해보는 글〉[31]이었다. 5424명이 참여한 투표에서 "울 엄마는 울 아빠 만나고 (어떻게 됐나?)"라는 질문에 "인생 폈다"라는 대답은 9퍼센트였지만 "극한의 개고생"은 90퍼센트였다. 또한 "울 엄마 같은 인생 (어떤가?)"라는 질문에는 "살고 싶다. 엄마랑 똑같은 인생 살면 최고"라는 대답은 4퍼센트인데, "절대×. 비혼 제조기"는 95퍼센트였다.

이 설문조사가 어떤 신뢰도를 담보한 것은 아니다. 그러나 펌글과 원글 등에 적힌 수백 개의 댓글에서 여성들이 자신의 가족에 대해, 나아가 '남성 파트너'에 대해 어떻게 생각하는지 알 수 있었다. 여성들은 대체로 엄마가 결혼과 출산을 통해 경력단절이 되거나 자신의 꿈을 펼치지 못한 것을 안타까워했다. 심지어 '(과거로) 다시 돌아가면 나 안 낳아도 되니까 아빠랑은 결혼하지마'라는 내용의 댓글도 종종 보였다. 독특한 점은 '우리 아빠는 아빠로서는 좋지만 남편으로서는 별로다'라는 댓글이 꽤 많은 수를 차지했다는 것이다.

"우리 아빠는 좋은 아빠임. 하지만 좋은 남편이라고 생각하진 않음…. 아빠를 사랑하지만 아빠 같은 남자랑 결혼하라고 하면 글쎄."

"우리 아빠 참 좋은 사람이고 성실하게 일해서 가장으로 우리 집을 지탱해옴. 진짜 존경함. 근데 그것과 별개로 엄마의 삶을 한 여성 개인의 삶으로 봤을 때 그다지 결혼이 매력적인 선택지로 다가오지 않음."

"두 분 금슬 좋고 화목하지만 그 화목이 사실은 엄마의 희생으로 만들어진 걸 보고 자라와서…. 굳이?"

"우리 집 아저씨 아빠로선 한 60점 정도 될까 한데 남편으로선 20점도 안 됨."

현재 젊은 여성들은 엄마가 인간으로서 좋은 남편을 만났음에도 자신의 삶을 희생해온 것을 목격하며, 왜 엄마가 그래야만 했는지 의문을 가지고 성장했다. 그것이 가부장제에 기반한 결혼제도와 출산 및 돌봄에 의한 것을 알게 된 지금에는 결혼을 기피하게 되는 것이다. 남성 자체가 문제인 경우도 많지만, 괜찮은 파트너더라도 남성과의 제도적 결합에 따라 여전히 여성에겐 구조적인 압박이 수반된다는 것이 여성 입장에선 난감한 지점이다.

저출생고령사회위원회의 결혼·출산·양육 인식 조사 연구[32]의 '결혼 의향' 항목(25~49세 미혼 응답자 대상)은 남성과 여성의 의견이 극명하게 갈리는 대목이다. "지금은 아니지만 언젠가는 하고 싶다"에 남성은 55.9퍼센트가 답한 반면, 여성은 35.7퍼센트에 불과했다. 결혼 의향이 아예 없는 경우("나중에도 하고 싶지 않다")는 남성은 13.3퍼센트에 불과했지만 여성은 3분의 1이 넘는 33.7퍼센트였다.

흥미로운 점은 연령대가 늘어나도 남성은 결혼 의향이 크게 줄지 않고, 여성은 눈에 띄게 줄어든다는 사실이다. 40~49세 남성의 경우 '지금은 아니지만 언젠가는 하고 싶다'는 응답 비율은 줄어들었지만, '지금 하고 싶다'는 응답이 19.6퍼센트로 30대의 두 배 이상이다. 반면 40~49세 여성의 경우 "지금 하고 싶다"는 9.6퍼센트에 불과하고, "지금은 아니지만 언젠가는 하고 싶다"도 27.5퍼센트(25~29세 44.5퍼센트, 30~39세 34.5퍼센트)여서 20~30대보다 결혼 의향이 확실히 줄어듦을 볼 수 있다.

이는 여성들에게는 이미 비혼이 주요한 삶의 형태로 자리 잡았음을 알 수 있는 대목이다. 혼인을 삶의 기본값에서 지운 것이다. 실제로 결혼에 뒤따르는 돌봄노동, 출산과 육아 등을 피하면서 안정적인 커리어를 이어나가고 있는 비혼 여성은 선망의 대상, 롤모델로 떠오르고 있다. 이전 세대 여성과는 다르게 살고 싶은 지금의 세대가 선택할 수 있는 라이프스타일의 하나로 비혼이 자리 잡는 것이다.

〈나 혼자 산다〉 〈미운 우리 새끼〉 같은 지상파 예능에선 여전히 남성을 '비혼'이 아닌 '미혼'으로 다룬다. 그러니까 때가 되면 여자를 만나 결혼을 해야 하는 존재처럼 다룬다. 그런 측면에서 이들을 '짠하게' 다루기도 한다. 반면 여성 게스트들이 등장했을 때 결혼이나 연애는 주된 화두가 아니다. '리치 언니'로 불리는 박세리, 전원주택에서의 삶이 화제가 된 이영자, 유튜브에서 큰 주목을 받으며 '언니처럼 늙고 싶다'는 말을 듣는 최화정까지. 혼자 늙으면 외로울 거라는 말이 통하지 않을 정도로, 이미 비혼의 삶이 멋지다는 근거는 너무나 많다.

그런데 남성은 결혼을 선망한다. 우리 사회가 그렇게 만든다. 비혼으로 행복하게 잘 살아가는 이들이 많음에도, 그것이 긍정적이고, 따라 하고 싶은 롤모델처럼 부각되진 않는다. 여전히 결혼은 한국 사회에서 남성에게 사회적·경제적 능력이 있음을 증명하는 일로서 기능하므로, '한국 여자'가 싫다는 안티 페미니스트들도 비혼을 말하지는 않는다. 그러니 "혼자라서 행복하다"는 말보다는 "저런 놈도 결혼하는데"라는 푸념이 더 많이 들린다.

2020년 기준 15~34세의 성비는 여아 성감별 낙태로 인해 108이 넘었다.[33] 게다가 '결혼 의향 없음' 응답 20퍼센트의 간극까지 더하면, 남성들의 결혼은 점점 힘들어질 것이다. 그렇다면 남성들에게는 두 가지 방법이 있다. 먼저 여성들처럼 비혼이 하나의 기본값으로 설정되는 것이다. 누군가의 돌봄을 바라지 않고, 여성을 자신의 능력과 스펙을 보여주는 도구로 삼는 주류적 관점이 변화한다면 가능할지도 모르겠다. 문제는 '저출생 문제 해결'을 주된 화두로 던진 정부나 지자체, 우리 정치권이 남성 비혼을 권장할리 없고, 남성 집단 내부로부터 탈가부장적인 목소리가 나오기에는, 결혼에 대한 반감이 너무나 약하다는 점이다.

또 다른 방법은 앞서 말한 남성의 '리스크'를 줄이는 것이다. 남성 파트너가 여성의 삶을 위협하거나 앞길을 막지 않도록 하는 것이 최우선이다. 결혼이나 출산 등에서 오는 구조적인 문제는 차치하고서라도, 일단 당장 내 옆에 있는 사람을 믿을 수 있어야 관계를 지속하면서 그다음 스텝을 생각할 수 있다. 젊은 여성들에게 그 믿음에 있어 중요한 것은 성평등한 관점이다. 그래야 앞으로 삶의 여정 속에서 이 사람이 여성의 관점에서, 즉 나의 관점에서 사고해줄 것이라고 여길 수 있다. 이전처럼 남편이나 아빠의 역할을 잘할 수 있을지 따지는 게 아니라, 먼저 내 삶의 동고동락을 함께하는 동반자로서의 자격을 보는 것이다.

그런데 지금 남성들 중에는 성평등한 관점은 언감생심이고, 동료 시민으로서 함께 공감하고 분노하는 기본적인 일조차 못하고 있는 이들도 꽤 보인다. 딥페이크 성범죄 사건에서, 나는 가해자가 아니라는 'Not All Men'을 입증하는 것을 딥페이크 성범죄 해결보다 더 중요하게 여기는 말이 남초 커뮤니티를 통해, 또 그들을 대변하는 한 국회의원의 입에서 쏟아져나왔다.

내 친구와 동료가 피해를 입을 수도 있다는 우려를 하는 대신, 범죄를 부풀리지 말라거나 남자만 죄인으로 몰아간다는 식의 반응을 보이는 것은 한 사회에서 함께 살아가는 시민으로서도 자격 미달이다. 일부 극단적인 의견도 아니다. 이러한 의견이 상당수의 커뮤니티에 공유되고 있다는 게 문제다.

페미니즘 리부트 이후 성범죄나 친밀한 관계에서 오는 폭력에 대한 사회적 경각심은 높아졌고, 당연히 남성들 역시 영향을 받을 수밖에 없었다. 그런데 '젠더 갈라치기'와 안티 페미니즘에 암묵적으로 힘을 실어주려는 정치적 시도가 성공하면서 이것이 젠더 감수성의 제고로 이어지지 못했다. 오히려 남성들이 성범죄를 접할 때도, 페미니스트 여성들과 청년 남성들과의, 혹은 (가상의) 페미니즘에 장악된 권력기관과 청년 남성들 간의 힘싸움으로 보는 독특한 시선이 대두되고 있다. n번방 성착취 사건 당시에도 그러한 분위기가 있었지만 사회적 공분에 의해 묵살됐다면, 딥페이크 성범죄 사건에서는 국가에 의한 '검열 강화' 등을 먼저 우려하는 모습을 보인다. 피해자는 안중에도 없다.

2021년 인권위가 발표한 〈성희롱에 대한 국민의식조

사)에서 20대 여성의 성평등의식 점수 평균은 2.41점, 남성은 3.51점(낮을수록 성평등 의식이 높음)으로 1점 이상 차이 났다. 1점 넘게 차이 나는 세대는 20대가 유일했고, 20대 여성의 성평등 의식이 다른 세대에 비해 상당히 높은 반면, 20대 남성은 기성세대와 큰 차이가 나지 않은 것이 원인이었다(20대 남성과 60대 이상 남성은 0.47점 차이, 20대 여성은 60대 이상 여성과 0.88점 차이). 한국 사회는 여기서 남성의 성평등 의식을 고양하는 방향으로 움직이면서, 이를 통해 여성과 남성의 인식 차를 줄여나갔어야 했다.

하지만 정반대의 방향으로 갔다는 걸 우리 모두 알고 있다. 여성의 성평등 의식이 과하다는 식의 페미니즘 혐오가 정치적 자원으로 동원됐고, '남혐 단어' '남혐 제스처' 등을 지어내서 시작한 온라인 공격이 사회적으로 승인받았다. 그 과정에서 대두된 '피해자 남성성'은 남성들이 성평등 관점을 가지는 걸 사실상 차단했고, 피해 규모를 짐작할 수 없는 거대한 성범죄 앞에서도 'Not All Men'을 외치는 남성이 등장하게 된 것이다.

결혼을 통해 남편, 아빠가 되는 것 이외에는 아직 뚜렷한 대안적 남성성을 찾지 못하면서, 동시에 또래 청년 여성들로부터는 점점 믿음을 잃어가는 상황이 지금 청년 남성들이 처한 모순이다. 그건 스스로 자초한 것이기도 하다. 여성의 고통을 우습게 여기고 남성의 고통이 더 크다고 주장하며, 공감과 연대의 언어를 무력화하고 있기 때문이다.

예소연의 또 다른 단편소설 〈그 개와 혁명〉에는 남자 차장님이 등장한다. 그는 주인공인 수민의 아버지 장례식에 찾아와 "환경운동이니 페미 운동이니 그런 배지들"을 달고 다니는 게 보기 좋았다고 했다. 그는 현재 적극적으로 사회 운동을 하는 사람도 아니었지만, 수민의 이야기를 경청했다. 그리고 이해했다. 그것이 전부지만, 그는 수민에게 꽤 의지할 만한 사람이 됐다. 나는 짧게 등장했다가 다시 들어가는 이 캐릭터를 작가가 왜 넣었는지 곰곰이 생각했다. 어쩌면 작가가 보여주고 싶었던 '믿을 만한 남자 동료 시민'의 모습이라는 생각이 들었다. 경청하고, 이해하고, 공감하기. 어쩌면 그것만으로도 충분할 수 있다는 것.

딥페이크 성범죄는 학교 친구, 직장 동료, 지인 등에 의해 일어난 범죄다. 여성 입장에서는 자신이 맺고 있는 모든 관계와 공동체에 대한 불신이 가중될 수밖에 없어서 더

욱 중대하고 처참하게 느껴질 수밖에 없다. 그러니 지금은
남성들이 동료 시민으로서의 역할부터 해주길 바란다. 무
엇보다 그게 우선이다.

포스트 호주제와
청년들의 삶

호주제 폐지를 위해 해방 이후부터 60여 년간 노력해 온 이들이 있었기에, 2005년부터 대한민국은 적어도 '남성 우위'가 법적으로 인정되는 국가에서 벗어나게 되었다. 호주제 폐지는 가족에서부터 여성을 남성에게 종속되게 만들었던 관습과 문화의 전면적 개혁이었고, 당연히 가부장제 구조를 흔들 수밖에 없었다.

실제로 1990년 출생성비(여아 100명에 대한 남아 출생수)가 116.5명에 육박했다가, 2007년에 들어서야 정상범위

(103~107명)인 106.2명이 됐고, 이후 정상범위를 유지하고 있다.[34] 남아는 더 이상 '가문을 이어갈 존재' '집안을 물려받을 존재'로서 특별히 선호되지 않는다는 의미다.

그래서 지금의 청년 남성들은 적어도 제도적·표면적으로는 '남성'을 '여성'보다 귀하게 대우하는 환경에서 자라지 않았다. 동시에 여성의 대학 진학률이 증가하고, 경제 활동 인구 역시 늘어나면서 청년 남성들은 한국 사회의 성차별 구조에 대해 '우리 세대의 문제가 아니다'라고 이야기한다. 2015년부터 시작된 페미니즘의 대중적 확산에 대해서도, 청년 남성들은 오히려 '현재의 평등'을 무너뜨리는 것으로 인식하여 거부감을 느낀다.

호주제 폐지는 남성 우위 시대의 공식적인 종언을 알렸지만, 여전히 한국은 OECD 국가들 중 성별임금격차 1위, 영국 《이코노미스트》가 조사한 유리천장지수에서도 OECD 29개국 중 28위[35]다. 호주제 폐지의 목표인 '성평등' 달성은 아직 멀었다. 그럼에도 청년 세대의 젠더 갈등은 성평등 기조의 정책 입안을 굉장히 어렵게 만들고 있는 상황이다. 젠더 갈등의 해소 및 '모두를 위한 성평등'을 위해서라도, 여전히 가부장제의 자장 속에 있는 '호주제 폐지 이후의 남성성'에 대해 질문하며 현재 청년 남성들이 어떠한 혼란을 겪고 있는지 짚어볼 필요가 있다.

가부장제는 무너져가는데, '가부장 역할 모델'은 여전하다

성장 과정의 대부분을 '호주제가 없는' 사회에서 자란 청년 남성(20·30)들은 분명 다른 기성세대에 비해 '탈가부장적'인 생각을 갖고 있다. 2021년 5월 한국일보-한국리서치 여론조사[36]에 따르면 '자녀육아의 1차적인 책임은 여자가'라는 질문에 20대 남성 18.7퍼센트(20대 여성 8.4퍼센트), 30대 남성 21.2퍼센트 (30대 여성 17.4퍼센트)만이 동의했다. '가족생계 일차적인 책임은 남자가'라는 질문에선 20대 남성 25퍼센트(20대 여성 14.8퍼센트), 30대 남성 38.9퍼센트(30대 여성 23.9퍼센트)가 동의했다. 연령이 높아질수록 질문에 동의하는 비율은 높아졌다.

즉, 이들은 '가장' '생계 부양자'등의 인식이 기성세대보다 강하지 않다. 문제는 그럼에도 뚜렷한 대안적 역할모델을 찾지 못해 결국 '가부장되기'를 원하는 상황이라는 점이다. 인식과는 별개로 한국 사회에서 탈가부장적인 남성 모델을 찾아보기가 어려운 게 현실이다. 남성에게는 정상

가족 이데올로기가 비교적 강하게 작용하고 있으며, 혼인과 혈연 중심의 가족에서 가부장 노릇을 하는 것은 여전히 주류적인 남성 역할 모델이다. 이성애자 남성인 경우 언젠가는 결혼해서 (누군가의 돌봄을 받으며) 가부장 노릇을 해야만 진정 '능력 있는' 존재로 여겨지는 것이다.

반면 여성들은 비혼-비친족 가구 등 다양한 가족관계와 이에 맞는 라이프스타일을 받아들이는 경향이 뚜렷하다. 《여자 둘이 살고 있습니다》《에이징 솔로》 등 여성들이 꾸리는 대안적 가족관계에 대한 책이 주목받는 것 역시 이러한 시대상을 반영한다고 볼 수 있다.

이에 대해 양승훈 경남대 사회학과 교수는 2025년 현재 20·30 남성들은 아버지 세대가 누렸던 생계부양자로서의 권능이 상실된 상황에서 전환기에 걸맞은 새로운 역할 모델을 부여받지 못했고, 스스로 찾지도 못했다[37]고 진단한다. 이어 맞벌이 확산과 여성의 사회 진출, 안정적인 정규직 신화의 해체 등 노동시장이 빠르게 변화했으나, 남성에게 부과된 생계부양자로서의 전통적 성역할은 그 속도에 비례하여 빠르게 해체되지 못했다[38]고 강조한다.

즉 호주제가 폐지된 지 20년이 지났음에도 청년 남성

들이 여전히 가부장이 되고 싶어 하지만, 노동시장이나 사회문화의 변화로 인해 그렇게 되지 못한 데서 오는 불안감과 혼란, 나아가 분노를 느낀다는 점에 주목할 필요가 있다. 더불어 이처럼 불안한 상황에서는 '여성들이 우리 몫을 빼앗고 있다' 혹은 '빼앗을 수 있다'는 착시 현상, 즉 반여성주의적 정치 프레임이 작동하기 너무나 쉽다는 점도 염두에 둬야 한다.

양승훈 교수는 '새로운 가족 모델'이 필요하다면서, 제도 측면에서 가족관계법과 세법을 포함한 다수의 법률과 복지제도가 '대가족'과 '정상가족'을 기본 단위로 설정하는 관행을 답습하고 있다[39]고 꼬집는다. 나아가 1인 가구뿐만 아니라 다양한 '가족되기'를 통해서도 경제적으로 잘 살 수 있고 사회적으로 인정받을 수 있다는 믿음을 청년들에게 주어야 한다[40]고 강조하는데, 이는 20년 전 호주제 폐지의 목적과도 맞닿는 것으로 볼 수 있다.

정상가족 구성, 결혼을 통해 '남편' '아빠'가 되는 것은 여전히 한국 사회에서 남성의 '능력'을 상징한다. 결혼과 육아에 드는 비용이 크면 클수록 더더욱 그렇다. 그러나 노동시장의 변화와 더불어 혼인 중심의 가족제도를 서서히 탈출하고자 하는 여성들로 인해, 남성들의 정상가족 구성은 점점 더 어려워지고 있다. 결국 호주제가 발의될 당시에 국회 여성위원회에서 나온 제안인 '생계 또는 주거를 같이 하며 부양·양육·보호·교육 등이 이루어지는 생활단위의 구성원'으로 가족의 범위를 확장하는 생활동반자법을 제정하면서 '새로운 남성성'과 역할 모델을 찾아야 할 때다.

2025년 기본소득당 용혜인 의원이 대표발의한 생활동반자법 법률안[41]에 따르면 '성년인 두 사람이 합의에 따라 생활을 공유하고 서로를 돌보는 관계'를 생활동반자 관계로 규정한다. 사회보험·공공부조·사회서비스·출산휴가·인적공제 등에서도 기존 가족관계와 동등한 권리와 의무를 부여받는다. 동성 커플뿐만 아니라 친구나 이성 커플 사이, 혼자 사는 노년층 등이 '혼인'을 하지 않고도 함께 살아갈 수 있도록, 국가가 제도적으로 보호해주는 법이다.

이성애-혼인 기반의 가족제도는 청년 남성들에게 가부장 이외의 다른 남성 역할 모델을 상상하는 것을 제약하며, 삶의 다양한 길을 알려주지 못한다. 그렇기 때문에 가족구성권 보장을 통해 다양한 가족 형태를 보편화하는 일이, 남성들 스스로 느끼는 가부장제의 압박(맨박스)으로부터 탈출할 수 있도록 하는 출발점이 될 수 있을 것이다.

스스로 '보수'라고 말한 문형배 전 헌법재판관 또한 생활동반자법의 필요성을 강조했다. 지난 2025년 8월 MBC 〈손석희의 질문들〉에서 그는 "동성혼에 대해서는 생각을 굳히지 못했다"라면서도 "생활동반자 관계 정도는 인정할 때가 됐다. 생활동반자 관계를 인정하면 의료보험이 되고, 연금도 되고 인정되는 게 많다"라고 말했다.[42] 심지어 윤석열 정부 보건복지부에서도 가족제도의 변화가 필요하다고 언급한 바 있다. 이기일 보건복지부 제1차관이 "결혼하지 않고도 아이를 낳을 수 있는 제도를 만들어가겠다"[43]라고 말한 것이다.

여전히 우리 사회에서는 기존의 혼인-혈연 중심의 가족제도를 유지하려는 이들이 적지 않고 동성 커플 등에 대한 부정적 시선도 강하다. 하지만 가족제도를 변화시키지 않으면 남성성의 변화도, 여성혐오의 구조를 깨부수는 일도 시도할 수 없게 된다. 남성이 힘들어한다면, 그 이유는 여성들이나 페미니즘 때문이 아니라, 근본적으로 남성들이 만들고 확립해온 지금의 가족 및 사회 체제에서 비롯됐다. '남성이 주인인 세상'이 역설적으로 남성을 망가뜨린 것이다. 생활동반자법은 그 실타래를 푸는 시작이다. 남성을 달래고 특혜를 주는 방식으로는 여성에게 불이익을 주는 구조적 성차별만 극심해질 뿐이다. 성과주의, 단기적 효과에 매몰되지 말고 여성과 남성 모두에게 더 나은 방향으로 가야 한다.

가족제도의 변화를 통해 청년 남성이 더 이상 자신은 원치 않는 가부장으로서의 짐을 짊어지지 않으며, 연대와 상호 돌봄의 주체가 될 수 있다면 그건 우리 모두에게 매우 이로울 것이다. 그리하여 수십 년 전부터 '호주제 폐지'를 열심히 외치며 싸웠던 이들이 꿈꿨던 사회에 한 걸음 더 다가가길 바란다.

'영포티'라는 말은
어떻게 혐오가 되었나

'영포티'. 2010년대 중반에는 트렌드에 민감한 40대를 지칭한 말이던 영포티는 지금은 중년 남성을 조롱하는 일종의 멸칭처럼 쓰이고 있다.

영포티 밈이 처음 쓰일 때는 젊어 보이고 싶어 하지만, 어딘가 우스꽝스러운 중년 남성들의 외양을 지적하는 방식으로 쓰였다. 자신이 아직도 멋지고 세련된 줄 아는 남성들을 놀리는 것이었다. 그렇게 스투시 모자, 솔리드 옴므 티셔츠, 나이키 신발, 오렌지색 아이폰17 등은 영포티의 상징이 됐다.

더불어 청년 남성들이 모이는 온라인 커뮤니티에선 젊은 여성 직원에게 추근대는 남자 상사, 주변에서 볼 수 있는 권위적인 '꼰대'들과 위선적인 군상들까지 모두 영포티로 지칭되기 시작했다. 그런데 문제는 단순히 '문제적 중년 남성'을 비난하는 말에서 끝나지 않았다는 점이다. 민주당이나 진보정당을 지지하거나, 인권이나 페미니즘을 말하면, 혹은 단순히 자신들 입장에서 보기 싫은 나이 든 남성들을 모두 영포티라고 놀리기 시작했다.

〈나이키 신발 민망해서 못 신겠다… 40대 직장인의 탄식〉[44]이라는 기사와 같이 중년 남성들 사이에선 "이런 걸 입어도 영포티냐"는 볼멘소리가 나오지만, 실제로는 이미 어떤 브랜드의 옷을 입느냐는 중요하지 않게 된 상황이다. 지금 청년 남성들, 정확히 말하면 청년 남성들이 많이 가는 '남초 커뮤니티'의 주류적인 생각과 다른 이야기를 하면 곧바로 영포티라는 말을 듣게 되는 것이니까. 그래서인지, 요즘 온라인상에선 다양한 의견을 나누거나 논리적으로 반박하는 모습보다는 "영포티가 영포티했네"라는 식의 조롱을 더 많이 보게 된다. 결국 영포티는 특정한 외양이나 행동을 이야기한다기보다는, 중년 남성에 대한 청년 남성의 반감이 집약된 말로 설명할 수 있을 것이다.

그렇다면 청년 남성들은 어쩌다가 영포티라는 말로 기성세대를 비난하게 됐을까? 먼저 영포티라는 말이 멸칭으로 쓰이게 된 시점을 주목해야 한다. 바로 21대 대선이 끝난 2025년 하반기부터다.

지난 21대 대선에서는 20·30 남성과 40·50 남성의 정치 성향 대비가 뚜렷하게 나타났다. 방송 3사 출구조사 결과 당시 이재명 민주당 후보 지지율을 살펴보면 20대 남성 24퍼센트, 30대 남성 37.9퍼센트, 40대 남성 72.8퍼센트, 50대 남성 71.5퍼센트였다. 현격한 차이다.

소위 보수 지지 성향의 20·30 남성들에겐 이번 선거 결과는 마뜩잖았을 것이다. 정권 교체가 이뤄졌다고 환호하는 이들도 눈엣가시였을 터. 민주당 지지층의 핵심이면서, 동시에 정치적 기득권을 갖고 있는 40·50 남성들에게 공격의 화살이 집중되는 것은 어찌 보면 당연한 수순이었을지도 모르겠다.

온라인에서 돌고 있는 '코리아 영포티 스타터팩'이라는 이미지는, 영포티라는 말이 굉장히 정치와 밀접하게 연결되어서 사용되고 있다는 예시이기도 하다. 여권 성향의 유튜브 방송인 〈매불쇼〉나 〈김어준의 겸손은힘들다 뉴스공장〉을 들으면서 '나는 깨어 있는 사람'이라고 자부하는 것이 영포티의 중요한 특성으로 그려진다. 또한 페미니즘을 지지한다면서 실제로는 젊은 여성에게 추근대고, 일본 콘텐츠를 좋아하지만 '노 재팬' 운동에 참여하는 위선적인 인간형으로 표현된다.

물론 단순히 정치적 인식의 차이로만 설명할 수 없는 지점이 있다. 정년 연장 추진·국민연금 개혁안 등에 대한 반감 등 기성세대들에게 사회적 자원이나 기회가 과도하게 쏠려 있다는 청년 남성들의 인식도 영포티 현상과 무관하지 않다.

2025년 11월 기준 청년(15~29세) 고용률은 19개월째 하락하고 있고, 취업이나 구직 활동을 하지 않는 '쉬었음' 상태의 30대 인구도 31만 명을 넘어선 상황이다.[45]

또한 일자리를 갖게 되더라도 회사에 고연차 직원이 훨씬 많은 역피라미드 구조 속에서, 주니어 기간이 비정상적으로 길어지고 승진도 어려운 상황에 봉착하게 된다. 그러니 비교적 경제적으로 여유가 있고 높은 직위에 있으며,

심지어 그 자리에서 내려올 생각이 없어 보이는 40·50 남성에 대한 반감이 커질 수밖에 없다.

실제로 정부가 발표한 '2025년 가계금융복지조사'[46] 결과를 보면 39세 이하 가구주의 평균 자산은 1년 전보다 0.3퍼센트 줄었다. 반면 40대와 50대 가구주의 평균 자산은 각각 7.7퍼센트 늘었고, 60대도 3.2퍼센트 증가했다. 40·50·60이 자산을 서서히 늘려나가는 반면에, 20·30은 자산이 그대로거나 오히려 줄고 있는 상황이라는 것을 뜻한다.

그렇다고 이들이 여론을 뒤바꿀 힘도 없다. 무엇보다 인구가 적다. 2002년 당시 노무현 열풍의 주역이었던 20·30은 전체 인구의 35.02퍼센트를 차지했다. 하지만 2025년 기준 20·30은 전체 인구의 25.12퍼센트에 불과하다. 반면 2002년 당시 20·30이었던 이들은 2025년엔 40·50·60세대가 되어서 여전히 한국 사회의 다수를 이루고 있다(40대 14.93퍼센트, 50대 16.76퍼센트, 60대 15.18퍼센트). 정치·경제·문화 등 모든 부문에서 이들의 힘이 가장 센 상황이다. 청년들 입장에서는 기성세대가 자원을 독식한다고 느낄 수밖에 없고, 그 불만과 누적된 분노를 '영포티'라는 조롱으로 푸는 것이다.

주목할 만한 점은 영포티라는 말은 중년 여성을 향해서는 쓰이지 않는다는 점이다. 또한 여성들도 중년 남성을 비난할 때가 있지만, 그건 광범위하게 중년 남성을 조롱하는 영포티와는 성격이 다르다. 성인지 감수성의 부재나 가부장제 수호를 비판하는 등 타깃이 보다 명확하다. 오로지 청년 남성이 중년 남성을 비난할 때만 영포티라는 말이 사용된다.

청년 남성들이 중년 여성이 비난하지 않는 이유는 중년 남성만큼 기득권이 아니라는 인식에서, 또 자신들의 '몫'을 빼앗는 라이벌이 아니라는 데서 기인했을 것이다. 하지만 다행이라고 말하긴 어렵다. 한편에선 청년 남성들은 또래 청년 여성들을 겨누고 있기 때문이다. 이렇듯 위로는 영포티를 공격하고, 옆으로는 속칭 '한녀'를 비하한다.

여성의 교육 수준이 높아지고 사회 진출이 늘어나자, "오히려 남성이 더 차별받고 있다"고 주장하면서 '안티 페미니즘'이나 '남성 피해자론'을 이야기하는 목소리는 점점 더 커지고 있다. 실제 임금격차를 비롯해 수많은 통계가 여전히 구조적 성차별이 극심한 사회라는 것을 증명하고 있음에도 말이다. 이러한 청년 남성들의 '남성 피해자론'은 성평등과 같은 사회적 과제를 무력화하고, 끊임없이 '역차별이 일어난다'는 착시 현상을 일으킨다는 점에서 더더욱 문제적이다.

그런 점에서 중년 남성들을 공격하는 영포티 밈도 우려스럽다. 단순히 위선적이거나, 갑질이나 성희롱하는 남성에 대한 비판으로 이 말을 쓴다면 상관없다. 하지만 진보적인 가치나 이념을 이야기하는 순간 곧바로 "영포티"라는 조롱이 나오는 게 현실이다. 충분히 고민하고 토론해야 하는 혐오와 차별에 대한 의제를, 영포티라는 말로 쉽게 튕겨낼 수 있는 분위기라면 보수화나 극우화는 더 가속화될 수밖에 없다.

《시사IN》·한국리서치의 '6·3 대선 이후 유권자 인식 여론조사'[47]를 살펴보면, '차별금지법 제정'에 대해 응답자의 61퍼센트가 찬성했다. 그러나 20대 남성은 29퍼센트만이 찬성해, 모든 연령·성별 중 가장 찬성 응답 비율이 낮았다. 장애인 의무고용제에 대해서도 응답자의 68퍼센트가 찬성했지만 20대 남성과 30대 남성은 각각 47퍼센트만이 찬성했다. 이 역시 모든 연령·성별 중 가장 찬성 응답 비율이 낮았다. 이어 '고위 공직자 여성 할당제' 찬성 여부를 물어보자 응답자의 45퍼센트가 찬성했으나 20대 남성은 13퍼센트, 30대 남성은 19퍼센트만이 찬성했다.

반중 정서도 굉장히 강했다. '우리나라의 부정선거에 중국이 개입했다는 주장'에 대한 의견을 묻자, '동의한다'는 응답이 20대 남성에선 34퍼센트, 30대 남성에선 25퍼센트나 나왔다(전체 평균 18퍼센트 동의). 또한 '중국의 보복으로 인해 한국이 경제적 타격을 입더라도 중국과 거리를 두고 한미동맹을 강화해야 한다'는 주장에 대해서도 20대 남성의 57퍼센트가, 30대 남성의 55퍼센트가 동의했다(전체 평균 37퍼센트 동의).

이런 상황에서, 기성세대들이 소외계층의 기회 확대 등을 비롯한 진보적 가치를 이야기했을 때, 영포티라는 말은 진보적인 가치를 조롱하면서 동시에 기각시키는 강력한 무기가 될 수 있다. 논쟁이 불가능해지고 조롱만 난무하는 구조에서는, '반이재명(민주당)-반중-반페미니즘-반장애인-반차별금지'라는 일련의 흐름에 제동을 거는 일이 점점 어려워진다.

여성들로부터 일자리를 빼앗기고(?) 있다는 '기분', 기성세대들이 청년들의 몫까지 독식하고 있다는 '느낌'이 분노와 박탈감을 키운다. 또래 청년 여성이든, 중년 남성이든 모두 자신의 앞길을 막는 적으로 여기게 되는 것이다.

이러한 인식은 결국 청년 남성들이 스스로의 롤모델을 가부장으로 여기는 데서, 성별 고정관념이 너무나 강력하게 작동한 데서 비롯된다. 여성과 남성 둘 다 좋은 일자리를 얻지 못하는 어려움을 겪고 있고, 심지어 여성은 취업 성차별이라는 이중고를 겪고 있다. 그러나 자신의 몫을 빼앗긴다고 생각하며 분노하는 것은 남성들뿐이다. 기준점이 애초에 고도성장기에 일자리를 얻고 가부장으로 살아온 삼촌 혹은 아버지 세대로 설정되어 있기 때문이다.

그러나 노동구조와 사회상의 변화가 더 이상 그런 가부장은 존재하기 힘들다는 것을 보여준다. 평생직장은 사라졌고, 여성들이 더 이상 돌봄을 전담하지도 않는다. 자신의 출중한 능력으로 한 가족을 이끄는 청년 남성은 드물다. 현재 20·30에겐 허상에 가깝다는 이야기다. 능력 좋은 가부장이라는 '이루지 못할 꿈'이 한국적 남성성의 토대로 있는 한, 또한 과거의 남성성을 되찾자는 '백래시'가 계속되는 한, 분노를 기반으로 한 안티 페미니즘과 영포티 현상은 더하면 더했지 결코 사라지지 않을 것이다.

혹자는 경제가 성장하고 양질의 일자리가 늘어나면 청년 남성들의 분노와 박탈감이 사라질 거라고 말한다. 그러나 이미 한국은 저성장·고령화 사회로 진입했다는 점에서, 청년세대가 겪는 경제적 어려움이 하루아침에 나아지기는 어려울 것이다. 결국 지금 청년 남성들에게 필요한 것은 '생계부양자' '가부장'의 압박에서 벗어나 다양한 삶의 경로를 추구할 수 있는 길을 여는 데서 비롯된다. 결국 남성들 스스로가 성별 고정관념을 타파하고 인식을 변화할 수 있도록 하는 것이 정답이다.

그러나 지금 우리 사회는 어떤가. 정치권이 여야 가릴 것 없이 안티 페미니즘과 여성혐오를 '억울한 남성의 목소리'라며 정치적으로 승인해준 결과는 남성의 더 나은 삶이 아니라 '연쇄적 혐오'였다. 더 성평등해져야 하는 상황에서 그 반대길을 택한 대가를 우리 사회는 톡톡히 치르고 있다.

명백하고 노골적인 차별과 혐오를 정치적 목적에 따라 숨기거나 정당화해왔던 '정치적 관습'이, 무한경쟁과 줄세우기만이 공정이라는 '그릇된 공정 감각'이, 인권과 평등을 이야기하는 모든 언행을 역차별이나 위선으로 간주해도 되는 분위기를 만들었다. 이처럼 영포티는 단순히 우스운 말이 아니라, 우리 사회가 특히 정치권이 혐오를 어떤 방식으로 대했는지 진지하게 돌아봐야 한다는 중요한 경고로 다가온다.

영포티는 표면적으로는 중년 남성을 겨냥하고 있지만, 실제로는 평등과 인권을 이야기하는 모든 움직임을 위선 혹은 역차별로 간주하는 혐오표현처럼 쓰이고 있다는 사실을 잊어선 안 된다. 혐오에는 단호하게 선을 긋는, 더 많은 성평등 정책만이 남성의 삶을, 그리고 우리 모두의 삶을 개선할 수 있을 것이다.

'그런 관계도 괜찮다'는
남자들의 믿음

'의제강간'이라는 개념이 있다. '성교 동의 연령'에 이르지 못한 아동·청소년과 성관계를 한 경우, 동의 여부와 관계없이 강간죄로 처벌하는 것이다. 한국에선 의제강간 연령이 만 13세 미만이었지만 n번방 성착취 사건 이후 만 16세 미만으로 상승했다. 다만 13~16세의 경우 가해자가 성인(만19세 이상)인 경우에 처벌한다.

다시 말하자면 16살 미만의 사람과 성행위를 하는 성인은 묻지도 따지지도 않고 처벌 대상이라는 이야기다. 둘이 아무리 연인 관계라고 이야기하고, 동의 여부를 이야기해도 우리 법 체계는 그 관계를 신뢰하지 않는다.

헌법재판소는 2024년 7월 해당 법에 대한 합헌 결정을 내리며 "(13세 이상 16세 미만의 사람이) 설령 동의에 의해 성적 행위를 한 경우라고 해도 성적 행위의 의미에 대한 불완전한 이해를 바탕으로 한 것으로 온전한 성적 자기결정권의 행사에 의한 것이라고 평가할 수 없다"라며 "해당 조항은 날이 갈수록 그 수법이 정교해지는 온라인 성범죄나 그루밍 성범죄로부터 16세 미만의 청소년을 두텁게 보호하려는 데 그 입법 취지가 있다"[48]라고 설명했다.

이처럼 '의제강간연령' 규정은 아직 정서적·신체적 발달 중이고, 성인에 비해 의사 결정 능력이 상대적으로 부족한 아동·청소년의 성을 보호하고자 하는 뜻이 담겨 있다. 헌재는 성인과 16세 미만의 성행위는 평등하지 않은 관계 속에서 그루밍이나 기타 폭력적·착취적 행위가 수반되든가, 청소년이 성행위의 의미에 대해 온전히 이해하지 못한 상태에서 이뤄질 가능성이 높다고 본 것이다.

한 남성 유명인이 27세에 15세의 미성년 여성과 교제를 시작해 6년간 만났다는 의혹이 제기됐다. 통상적으로

20대 후반의 남성과 중학생 여성 커플이 있다면, 앞서 말했듯 현재 한국의 법체계는 이 관계를 온전히 '커플'이라고 인정하지 않는다. 성인과 미성년자의 만남, 나이 차, 경제력, 지식이나 경험의 차이, 사회적 위치 등을 고려하면 선생과 제자 혹은 의사와 환자처럼 한쪽이 다른 한쪽을 정신적으로 지배하거나 구속할 수 있는 경우에 가깝기 때문이다. 두 사람은 사랑이라고 믿었을지언정, 다른 사람들도 그렇게 보진 않았을 터다. 우리 사회에서 종종 볼 수 있는 이런 관계들은 어쩌면 뿌리 깊은 남성문화의 비호 속에서 이어져온 것은 아닐까.

한국은 의제강간연령이 만 13세 미만에서 16세 미만이 된 지 불과 6년밖에 안 됐을 정도로 아동·청소년의 성 보호에 취약했다. 그전까지는 성인과 13세 아동의 성적 행위를 '자발'이나 '선택'이라는 허울 좋은 말로 내버려둔 것이다. 또한 최근까지도 아동·청소년 대상 성범죄에 대한 엄단이 이뤄지지도 않았다. 이런 구조에서 청소년이 성인의 연애 및 성적 행위의 대상이 될 수 있다는 인식이 피어났다.

나아가 남성이 우위를 점하는 위치에서, 상대적으로

약자인 여성에게 다가가 교제하는 형태가 꽤나 보편화돼 있다. 남성들이 상대방의 삶에 큰 영향을 끼칠 수 있는 위치에 있는 상황을 오히려 연애를 시작하기 유리한 환경으로 보는 것이다. 정직원이 인턴이나 교육생에게, 교회 선생님 또는 전도사가 신도에게, 점주나 사장이 알바에게 다가가는 경우가 허다하다. 특히 여성이 막 성인이 되거나 고등학생인 경우에도 말이다. 착취를 우려할 만한 관계임에도, 이것이 아무런 경각심 없이 표준 연애 모델의 하나인 것처럼 받아들여지고 있다.

지금껏 남성의 연애나 결혼에서 '이 커플이 얼마나 평등한가'가 고려 대상이 되지 않았다는 점도 지적하지 않을 수 없다. 일례로 중년 남성 연예인이 자신보다 한참 어린 나이의 여성을 만나도, 그것이 특별히 이상하게 여겨지지 않는다. 오히려 몇몇 예능 프로그램은 그런 관계를 권장하는 듯 보였으니까. 앞서 이야기한 남성 유명인은 2013년엔 마흔한 살이 되면 스물한 살 여성과 결혼하겠다는 말을 한 적도 있다.

여성은 '젊고 예쁜 것'이 중요하다는 철저하게 대상화된 시각, 남성은 나이가 어쨌든 '능력(돈)'이 있으면 (주변 남성들이 모두 부러워하는) 예쁘고 젊은 여성을 만날 수 있다는 점이 은연중에 강조됐다. 여성을 남성의 능력에 따른 '트로피'처럼 여기는 시각은, 그 관계의 비대칭성이나 불평등함을 전혀 사유하지 못하게 한다.

사랑은 오로지 둘만 하는 것 같지만, 사실은 규범이나 관습과 밀접하게 맞닿아 있다. 남성 중심의 규범과 관습은 사랑이 여성에게 현저히 불평등할 수 있음을 숨겨왔다. 더 큰 문제는 독점적이고 배타적인 관계의 함정은 그 안에서 이뤄지는 행위들이 객관적이고 합리적으로 평가받지 못한다는 사실이다. 그러다 보니 사랑이라는 이름하에 서로가 서로에게 절대적이고 무제한적인 '개입'을 용인하면서도, 이에 수반되는 지배·착취·폭력의 욕망을 은폐해온 것이다. 그루밍과 젠더폭력의 일상화, 이것이 가부장제가 낭만화한 사랑의 현주소다.

사랑을 이다지도 불평등한 행위로 만든 것은 누구인가, 사랑을 위험하게 만든 것은 누구인가, 사랑을 시궁창에 처박아버린 것은 누구인가.

‘남자는 왜 빼먹어요’
정서

20·30 여성이 광장의 주류집단이 되면서 시위와 연대의 방식의 달라지고 있다고 말하면, 꼬아서 듣는 사람들이 있다. 왜 ‘여자들만 띄워주고, 남자들은 무시하냐’는 반응이다. 그런데 실제로 집회 현장에 가봐도 젊은 여성들이 다수라는 점을 느낄 수 있었고, 젊은층 여성들의 집회 참여율이 젊은층 남성들에 비해 압도적으로 높다는 통계[49]가 이미 나와 있다. 당연히 지난 윤석열 탄핵 집회를 논하려면 광장에서 다수를 점했던 20·30 여성 이야기가 빠질 수 없다.

그럼에도 20·30 여성들을 주목하는 분위기 자체를 마치 남자를 의도적으로 외면하는 '갈라치기'처럼 여기거나, '남자들의 존재를 지우지 말라'면서 못마땅해하는 사람들이 보인다. 특히 2024년 12월 남태령 시위 이후 〈김어준의 겸손은힘들다 뉴스공장〉에서 하원오 전국농민총연맹 의장 인터뷰를 진행한 이재석 전 KBS 기자의 질문은 '남자는 왜 빼먹어요' 정서를 대변하는 것처럼 느껴졌다.

이재석   아 이게 참 근데 뭐 제가 이 질문을 좀 드릴까 말까 고민을 했었는데 현장에 아무래도 젊은 여성분들이 많이 왔다고 하더라고요.

하원오   네.

이재석   그런데 그건 맞는 것 같고요. 다만 그 말이 뭐 그렇다고 해서 지금의 남성분들이 현재의 시국이나 윤석열 정부에 비판의식이 없는 건 아니잖아요.

하원오   그렇죠.

이재석   그런데 유독 또 여성분들이 이렇게 많이 참여하시는 어떤 분위기는 있는 것 같더라고요.

하원오   남성분들도 많이 왔습니다. 여성분들이 조금 더 많았을 것 같긴 한데.

이재석 그러니까 그게 좀 너무 여성들만 이렇게 부각할 필요는 없는 거죠.

하원오 예. 함께 많이 왔죠.

이전까지 하 의장은 시민들이 남태령에서 22일(2024년 12월 22일) 새벽을 함께 해주셔서 잘 버틸 수 있었다고 이야기하고 있었다. 그런데 이재석 전 기자는 대뜸 "남성들은요?"라고 물은 뒤, 하 의장으로부터 "남성분들도 많이 왔다"는 답변을 이끌어낸 것이다. 심지어 마지막엔 "너무 여성들만 이렇게 부각할 필요는 없는 거죠"라는 멘트까지 날린다. 누리꾼들이 반발하자 다음 날 그는 "전농 의장 인터뷰는 남태령 시위 현장에 참가한 시민들 특히 20·30 젊은 여성들의 활약과 연대의식을 더욱 알리기 위한 것"이었다며 자신이 오해와 불쾌함을 살만한 불필요한 표현을 했다며 사과했다.

이 사건이 있기 얼마 전에는 CBS 〈김현정의 뉴스쇼〉 김현정 앵커가 인터뷰이인 윤여준 전 환경부 장관의 발언에서 '여성'을 자꾸 지우려고 하다가 조금 민망한 상황이

연출되기도 했다.[50]

윤여준   저는 이번에 큰 희망을 본 게 젊은 여성들의 힘이에
         요. 이번 추동한 게 젊은 여성들의 힘 아니었어요?

김현정   20·30들이 많았어요.

윤여준   그러니까 저는 앞으로 이게 우리 한국 정치의 희망
         이다. 이 젊은 여성들이 저런 정치의식을 가지고 저
         런 실천력을 가지고 있는 한 함부로 정치 공작 못 할
         겁니다.

김현정   굉장히 절망적인 상황이지만 희망을 보는.

윤여준   그런 큰 희망을 봤다, 라는 거죠.

김현정   젊은이들에게서 희망을.

윤여준   앞으로 저분들이 희망이다.

김현정   마지막엔 희망적인 말씀으로 마무리해주셔서 좀 위
         로가 되네요. 젊은이들이 희망이다. (코너 마무리하기
         위해) 윤여준….

윤여준   젊은 여성.

이재석 전 기자와 김현정 앵커가 유독 특이한 생각을

하고 있는 것이 아니다. SNS에서도 집회에 비교적 덜 나오는 20·30 남성에 대해 감싸거나 변명하는 글들을 계속 봐왔기 때문이다. 팩트가 어떻든 20·30 '여성'만 주목하는 것이 이들은 무언가 불공정하다고 여기는 것이다.

그러나 여전히 한국 사회에서 시민의 '기본값'은 남성이다. 정치권의 이대남 현상도 우리 사회가 청년의 보편을 남성으로 상정한 데서 비롯된 것이다. 남성(특히 중산층 청년들이)들이 좌절감을 느낀다고 호소하니, 뭔가 큰일이 일어난 것 같다고 생각한 것 아닌가. 그 좌절감이 여성 때문이 아님에도 그랬다.

이는 한때 남녀공학 고등학교에서 남자 학생들이 여자 학생보다 성적이 떨어진다며, 그게 무슨 문제라도 되는 양 논란이 됐던 상황의 연장선상에 있다. 남성이 여성보다 능력이 떨어지면, 남성이 여성보다 주목받지 못하면 무슨 고유불변의 법칙이 깨진 마냥 난리를 친다. 그 반대였을 때는 너무나 조용한데 말이다.

그러므로 젊은 남성들이 비교적 집회에 덜 나오는 것에 대해 '남자들도 광장에 있었다'거나 '(안 나오는) 이유가 다 있다'면서 섣부르게 두둔할 필요도, 혹은 비판하거나 꾸

짖을 필요도 없다. 나는 붕괴된 가부장적 남성성을 대체할 만한 대안적 남성성이 부재한 상황에서 정치적 냉소가 깊어졌다고 생각하고, 이는 지금 시대의 남성들이 극복해야 할 문제라고 생각한다. 그들 사이에서 남성성 규범이나 남성의 다양한 삶을 고민하는 대안적 집단이 우후죽순 생겨나야 돌파구가 생긴다고 믿지만, 당장은 어려운 일일 것이다.

일단은 20·30 여성들이 광장의 주류집단으로서 만들어나가는 변화에 대해 주목하고, 그들의 목소리에 귀 기울이기를 바란다. 추운 날 연대하고 투쟁하는 이들에게 박수치는 가운데서도 '남자는 왜 빼먹어요'라는 말이 나온다는 게, 한국 사회가 얼마나 성 불평등 사회인지 알려주는 것 같아 슬프다.

안티 페미니즘 단체 유튜브에
내 얼굴이 박제된 날

2021년 11월의 어느 날. 그 일이 있기 전까지는 평범한 날이었다. 여성단체들이 대선 국면에서 일어나는 '반 성평등' 흐름을 규탄하는 기자회견을 연다고 해서 청계광장에 찾아갔다. 바닥에 앉아서 타이핑을 하고 있는데, 누군가 명함을 주고 갔다. 안티 페미니즘 단체 A의 대표 B였다. 그를 이렇게 만나게 될 줄은 몰랐다.

그는 이전부터 페미니즘 집회를 방해했던 인물이었고, 이번 기자회견에 온 이유도 비슷해 보였다. 여성단체의 목소리를 취재하러 온 기자들에게 '우리도 취재해달라'는 그의 요구는 불쾌감을 자아냈다. 다른 기자도 "휘젓고 다니지 마세요" "예의가 아닙니다"라고 말했다. 이를 옆에서 듣고 있던 나도 참지 못했다. "페미니즘 단체가 선생님 단체가 하는 시위에 와도 좋아요?" "선생님이야 어그로(분란을 일으켜 관심을 끄는 것) 끌고 다니시니까 좋지"라고 말했다.

그런데 '어그로'라는 말이 그를 자극한 모양이다. 도리어 그는 나에게 화를 내기 시작했고 사과하라고 말했다. 옆에 있던 경찰에게 갔으나 아무런 도움을 받지 못했다. 내가 잠깐 기자회견장을 벗어나 피해 있자 그는 나를 향해 고함을 치며 "내가 기자회견 하는데 시끄럽게 굴었어요?"라고 했다(물론 그는 여성단체 기자회견 말미에 난입해서 구호를 외치는 여성 단체들에게 노골적으로 훼방을 놨다).

결국 나는 어그로라는 말은 죄송하다며 B에게 고개를 숙였다. B는 끝까지 내가 어디 소속인지 물어봤으나 나는 위협을 느껴서 대답하지 않았다. 그리고 이 모든 과정은 영상으로 기록됐다. 청계광장 바깥쪽에서 A단체 사람이 나와 B의 행동을 다 찍고 있었다. 하나부터 열까지. 그 사실을 뒤늦게야 깨닫고, 두려워졌다.

원래는 취재가 끝난 뒤에 평소에 만나고 싶었던 선생님과 점심 약속이 있었다. 그런데 막상 만나기는 했지만 그날 내가 무슨 말을 했는지는 잘 기억나지 않는다. 허겁지겁 밥만 먹고 일찍 일어나서 죄송하다며 자리를 떴다.

박제된 내 얼굴

A는 페미니즘 집회의 맞불 집회를 열어 페미니스트들을 괴롭히는 단체로 유명하다. 동시에 페미니스트들에 대한 사이버불링을 지속적으로 이어왔다. 항상 그러한 A의 행각을 비판만 해왔는데, 내가 피해 당사자가 될 줄은 꿈에도 몰랐다.

사건이 있던 다음 날, A 유튜브 채널에 내 모습이 올라왔다. 나는 '페미 기자'로 얼굴이 박제되었고, 영상은 수십만 회의 조회수를 기록했다. 또한 나를 욕하는 수천 개의 댓글이 달렸다. 이름이나 소속을 밝히지 않았지만, 어떻게 알았는지 이메일도 오기 시작했다. '네가 영상에 나온 그 사람이냐'면서 말이다.

영상이 올라온 날을 잊지 못한다. 가족들이 모두 모인 자리였다. 웃어야 되는 날인데, 다정한 말을 해야 하는 날인데, 표정 관리가 쉽지 않았다. 겨우 집에 와서는 불을 끄고 침대에 엎드렸다. '꿈이었으면 좋겠다' '왜 꿈이 아닐까' 그런 생각을 하면서.

그 후로도 며칠은, 아니 몇 달은 그 영상에 시달렸던 것 같다. 방송에 출연해달라거나, 공적인 일을 요청받아도 전부 마다했다. 혹시나 그 영상에 나온 것이 나라는 사실이 밝혀지는 게 너무나 두려워서다. 심지어 몇 년이 지난 지금도 이 글을 쓰면서 심호흡을 여러 번 하게 된다. 하물며 그때의 두려움은 오죽했겠는가.

더불어 그에게 사과하고 고개를 숙이는 내 모습이 정말 부끄러웠다. 고함을 치고 화를 내니까 일단 무마하려고 들었던 것 같다. 하지만 누가 봐도 내가 사과할 상황이 아니었다. 젠더 부문 기사를 쓰는 기자가 안티 페미니즘 단체의 대표에게 사과하는 모습, 남들이 보기에 얼마나 우스웠을까. 그래서 남들에게 쉽게 말하지도 못했다.

노골적으로 기자회견을 방해했음에도 참았던 여성단체 활동가분들처럼 나도 참을 걸 그랬나. 아니, 적어도 사과만은 하지 말았어야 했나. 내가 공격의 피해자라는 사실보다, '이렇게 했어야 하는데' 하는 후회가 먼저 들었다. 나도 B가 잘못한 일이라는 걸 안다. 하지만 먼저 드는 생각은 '대체 나는 왜 그랬을까' 하는 자책이었다.

법적인 조치를 할 경우 오히려 그가 사이버불링을 통해 보복을 할 가능성이 높았기에, 시도조차 못 했다. 또한 유튜브는 저작권 침해가 아닌 이상, 웬만한 영상들은 삭제하지 않는다. 그저 참고 넘어가야 했다. 잊어야만 했다. 나는 더 이상 힘들고 싶지 않았다.

안전하지 않은 공간

비교적 나는 안전한 울타리 속에서 지내왔다. 페미니즘을 이야기하면서 느끼는 공포나 위협이 내겐 없었다. 동료들은 대체로 내 편이었고, 주변의 남자들은 나와 다른 생각을 하고 있더라도 말조심할 줄은 알았다. 물론 책을 내고 인터뷰를 하니, 온라인상에서 악플이 쏟아지는 경우가 많았다. 터무니없는 인신공격에는 화가 나기도 했다. 하지만 삶에 지장을 줄 정도의 큰 타격은 받지 않았고, 나는 운 좋게도 비교적 거리낌 없이 내가 하고 싶은 말을 할 수 있었다.

많은 여성이 페미니스트로 사는 '공포'를 이야기할 때, 게임회사 여성직원들이 '페미니스트 색출'을 당할까봐 걱정할 때, 나는 진심으로 안타까워했지만 제3자의 이야기처럼 들었다. 하지만 이제는 아주 조금은 알 것 같다. 그 공포의 정체를. 내 삶이 한순간에 매도당할 수 있다는 공포. 정체도 모르는 익명의 누군가에게 처절하게 짓밟힐 수 있다는 공포. 반격을 했다가는 더 큰 피해를 입을 수도 있을 것 같다는 공포. 동시에 '용기'라는 말이 무엇을 뜻하는지 알게 됐다. 죽음과도 같은 공포를 이겨내고 온갖 모멸을 당할 줄 알면서도 바른 목소리를 낸다는 것.

페미니즘이 세상을 바꿨다고 한다. 저절로 그렇게 된 것만 같다. 하지만 실상은 그렇지 않았다. 용기를 낸 사람들이 있었고, 그들의 손을 기꺼이 잡아준 연대자들이 있었기에 가능했다. 남성 중심 사회에서 '페미니즘'을 지지했다는 이유로, 성폭력 고발을 했다는 이유로 삶이 송두리째 흔들리며 고통받을 수 있다는 것을 다들 알고 있었다. 하지만 그걸 감내하면서도 페미니스트로 살고자 했던, 성폭력을 뿌리 뽑고자 했던 이들이 있었기에 그나마 여기까지 올 수 있었던 것이다.

사건이 있던 당시 나는 덜덜 떨리는 마음을 진정시키면서 많은 얼굴을 떠올렸다. 고작 이 정도로도 세상이 무너지는 것 같은데, 그들은 얼마나 무서웠을까. 얼마나 심각한 폭력을 견뎌내며 사는 걸까. 가해자들은 자신이 하는 행위의 의미를 알긴 아는 걸까.

그날 이후로 나는 '안전함'이라는 말에 대해 계속 곱씹게 됐다. 흔히 '한국은 안전한 나라'라고 말하지만 그 말은 진실을 은폐하고 있다. 공권력의 작동 범위나, 치안의 수준만이 '안전함'의 척도일까. '안전한 공간'이라는 외피를 둘러썼지만 실은 체제에 저항하는 이들에 대한 조롱과 탄압이 일상화되고, 능력주의 논리가 약자에 대한 차별을 정당화한 곳이 지금의 한국이다. 어떤 이념과 정체성을 가지고 있다고 해서 삶의 토대가 위협받고 흔들리는 사회가 과연 안전한가? 자신의 존재 자체가 부정당하는 모습을 수없이 봐왔던 이에게 "이곳은 안전해"라고 감히 말할 수 있나?

페미니스트들과 그들의 연대자들은 진정 언제쯤 안전할 수 있을까. 그 사건을 겪은 후 내게 남은 중요한 화두다.

이준석은 어떻게
안티 페미니즘의 선봉이 되었나[51]

이준석은 한국 사회에서 문제적인 인물 중 하나다. '안티 페미니즘 백래시 정치'의 선두두자이자 가장 큰 수혜자이기도 하다. 그는 여당의 대표로서, 또 국회의원으로서 남초 커뮤니티의 주장을 정치적으로 승인해주면서 '남성 피해자론'을 우리 사회에 안착시키는 데 성공했다. 그가 구상한 '백래시 정치'의 틀은 "여성가족부 폐지" "구조적 성차별은 없다"라는 말로 대표되는 윤석열 정부에 고스란히 이식됐다. 3년 동안 페미니즘은 악마화됐고, 여성혐오적 인식은 청년남성들 사이에서 '대세'처럼 퍼져나가고 있다.

그런데 이준석이 어떻게 반 페미니즘을 자신의 정치적 자산으로 삼고 '펨코(에펨코리아)'의 왕이 되었는지는 반추할 필요가 있다. 이준석 역시 혐오정치가 가능할 수 있었던 '틈'을 노린 것이기 때문이다.

'20대 남성' 현상에서 기회를 잡다

2018년 12월 17일, '20대 남성' 현상의 시초인, 여론조사기관 리얼미터의 문재인 대통령의 취임 84주차 국정수행 지지율이 발표됐다. 20대 남성 29.4퍼센트, 20대 여성 63.5퍼센트로 나온 문 대통령에 대한 지지율(긍정평가)이 나오자, 리얼미터는 '젠더 갈등'에 원인이 있는 것 같다며 직접 분석한 보도자료[52]를 내놓는다.

이 여론조사와 리얼미터의 보도자료가 미치는 파장은 컸다. 한동안 정치권과 언론이 '20대 남성'의 반 페미니스트 성향과 불만에 집중하게 만들었고, 그 가운데 당시 바른미래당 최고위원이었던 이준석이 기회를 얻게 된다. 문재인 정부와 민주당이 '과도한' 페미니즘 정책을 펼치고 있다는 정치적 공세를 펴는 동시에, 청년 정치인인 자신이

'20대 남성의 불만을 대변하겠다'는 식으로 정치적 입지를 굳혀갔다.

사실 리얼미터는 자료를 확대 해석한 것에 가까웠다. 20대 남성과 20대 여성의 여권 지지율은 2016년 총선부터 약 20퍼센트포인트 차이가 났고, 그 격차는 줄어들었다 커졌다를 반복했다. 문제는 20대 남성이 부동층으로 변화해서 생기는 이 '차이'를 이준석이 페미니즘의 문제로 굳혀버렸다는 점에 있다.

이준석 본인도 2019년에 6월에 낸 자신의 책《공정한 경쟁》의 서문에서 2019년 2월에 있었던 여성 할당제에 대한 〈100분 토론〉을 기점으로 자신이 의외의 영역에서 젊은 세대에서의 대중적인 인기의 기반을 마련하게 되었다[53]고 밝히고 있다. 반 페미니즘을 노골적으로 드러낸 것이 그에게 정치적 기회를 줬다는 것을 의미한다. 실제로 그는 자신을 "반 페미니즘의 선두주자 비슷한 역할"(2019년 8월《맥심》인터뷰)로 규정하는 데 거리낌이 없었다.[54]

그는 2019년 1월부터 워마드 폐지 운동을 벌이며 자신의 정체성을 확립한다. 워마드는 트랜스젠더 배제, 신자유주의적 태도 등으로 페미니스트 사이에서도 비판 여론이 상당했던 커뮤니티다. 그런데 이준석은 워마드를 마치 페미니즘의 주류인 것처럼 언급한다. 이를테면 "페미니스트들에게는 워마드가 자신들의 심층 속에 자리하고 있는 욕망을 대신 발산해주는 측면이 있"[55]다고 주장한다. 이러한 주장은 페미니즘이 차별과 폭력에 저항하고 평등을 지향하는 운동이라는 성격을 지우고, 그저 남성을 공격하기 위한 일련의 움직임처럼 여겨지게 만든다.

이와 더불어 "(민주당이) 워마드에 대해서 유난히 언급조차 안 하는 것은 자명하다. 래디컬 페미니즘이라는 조류에 대해 동조하는 것"(2019년 1월 4일 페이스북 글)[56] "여가부는 범죄 집단인 워마드 문제를 공적인 부분으로 끌고 들어오고 있"[57]다면서 워마드와 정부·여당을 결부시키기까지 한다. 이와 같은 주장은 정부가 남성을 공격하는 집단을 두둔해준다는, 즉 20대 남성을 차별하고 있다는 착시 현상을 일으킨다.

20대 남성의 '반 페미니즘' 성향은 여러 여론조사에서 매우 뚜렷하게 드러나는데, 주장의 옳고 그름과 관계없이 이들을 무조건적으로 대변하는 듯한 일관된 그의 '반 페미니즘' 행보는 2021년 서울시장 보궐선거에서 드디어 결실을 맺는다. 당시 오세훈 후보 캠프의 뉴미디어본부장으로 있던 이준석은, 방송 3사 출구조사 결과 '20대 남성'의 오 후보의 지지율 72.5퍼센트를 고스란히 자신의 전리품으로 가져갔다. '문재인 정부의 페미니즘 정책 때문에 20대 남성들이 마음을 돌렸다'는 근거가 부족한 주장이 다시금 제기된 것이, '반 페미니즘의 선두두자'로 있던 그에게는 큰 호재였다.

공정이라는 명분

이준석의 반 페미니즘은 '공정'이라는 큰 틀 속에서 구현된다. 그는 공정을 명분으로 페미니즘을 기각한다. 유독 그가 실질적으로 적용되는 영역이 없는 '여성할당제' 이슈를 부풀리는 이유도 '페미니즘이 남성들에게 공정하지 않다'는 주장을 강조하기 위해서다. 《공정한 경쟁》을 보면 그는 남초 커뮤니티에서 나오는 의견들을 그대로 수용해 정당화시킨다.

실질적으로 구조화된 차별이 있어 소수자와 약자에게 기회를 더 줘야 하는 상황에서도 이준석은 '공정'을 이야기한다. 일례로 그는 당 대표 출마 선언문에서 "청년, 여성, 호남 할당제를 하겠다는 공약에 여의도에 익숙하지 못한 어떤 보편적인 청년과 어떤 보편적인 여성, 어떤 보편적인 호남 출신 인사의 가슴이 뛰겠습니까?"[58]라면서 정치에서의 어떤 할당제도 불필요하다고 말했다.

그러면서 "오히려 남녀노소를 가리지 않고 인재를 널리 경쟁 선발하겠다는 원칙을 천명하고, 실력만 있으면 어떠한 차별도 존재하지 않도록 하겠다는 공정함으로 모두의 가슴을 뛰게 만듭시다"[59]라고 말한다. 그런데 그가 내세우는 '공정론'의 핵심인 '실력'이란 대체 무엇일까?

이준석은 책에서 "실력으로 과학고를 갔고 국가 장학금으로 하버드를 다녔다"[60] "사람들이 저의 사회 활동의 이력에 주목하기보다는 저의 실력에 관심을 보였다"[61] 등으로 자신을 어필한다. 그리고 자신이 비례대표 기회가 여러 번 있었지만 실력으로 청년 정치를 실현시키고 싶어서 하지 않았다[62]고 강조한다. 이처럼 그는 끊임없이 실력을 이야기하지만 결국 실력이 구체적으로 무엇인지는 말하지 못한다.

다만 한국의 역대 대통령들과 미국의 오바마·트럼프 대통령을 실력의 상징[63]처럼 언급한다. 결국 성공으로 증명해내야만 실력이라고 이야기하는 것이니 아리송해질 수밖에 없다.

그런데 그의 '공정론'이 얼마나 세부적인 근거가 있느냐와는 별개로, 실력주의와 기계적 공정에 집착하는 이준석의 모습은 문재인 정부에 맞서 자신의 존재를 부각시키는 데 큰 도움이 됐다. '공정'은 문재인 정부의 가장 큰 악재로 작용했기 때문이다. 아이스하키 단일팀 문제, 조국 사태, 추미애 장관 아들 휴가 특혜 논란, LH 직원 투기 문제 등이 있었다. 여전히 '도덕성'을 무기로 삼는 민주당 정부는 '내로남불'이라는 말에 줄곧 시달릴 수밖에 없었다.

이준석은 토론이나 정치 평론 등 말에 능한 사람이다. 이 때문에 여러 방송 프로그램을 드나들었고, 자연스레 이러한 공정 이슈에 대해 의견을 밝히며 정부와 각을 세우게 된다. 심지어 인천국제공항 비정규직의 정규직화처럼 문재인 정부의 기조를 반영하는 일들 역시, 이준석은 '청년 남성'의 입장을 대변한다면서 '불공정'이라고 강조했다. 공정 이슈가 강조되면서 이에 대한 대안으로 이준석은 모두가 공정한 룰로 경쟁하기만 하면 된다는 '기계적 평등론'과 '줄 세우기'를 제시했다. 동시에 그것을 '청년 정치'처럼 포장해왔다.

어떤 청년을 대변하는가

민주주의 정치는 '대의代議'에 기반을 두고 있다. 그런데 이준석이 보여주고자 하는 청년 정치가 대체 누구의 열망과 목소리를 대변하려고 하는 건지 궁금하다. 적어도 그가 "소설과 영화 등을 통해 본인들이 차별받고 있다는 근거 없는 피해의식을 가지게 됐다"[64]라고 지칭한 20·30 여성들은 아닐 것이다.

그렇다고 남성 전부는 아니다. 그는 '실력 있는 남성'이 할당제나 기타 약자들을 배려하는 정책으로 차별받기를 원치 않는다. "기본적으로 실력 혹은 능력이 있는 소수가 세상을 바꾼다"라며 "그런 측면에서 저를 '엘리트주의자'라고 비난한다고 해도 기꺼이 감수하겠다"[65]라는 말은 그가 정치적 지향점을 어디에 두는지 보여준다.

즉, 그의 공정론은 '명문대 혹은 인서울대학 출신' '중산층' '남성'으로서 이미 사회적으로 가장 많은 기회가 부여되고 있는 이들에게 더 많은 기회를 주는 형태에 가깝다. 독과점을 방지하기 위해 만든 규제를 모두 완화하는 격이다. 기울어진 운동장은 없고, '진짜 실력'이 있으면 경쟁에서 어떻게든 살아남을 거라는 생각은 실질적인 '평등'을 보장해주는 것과는 거리가 멀다.

그간 이준석의 '정치적 기획'은 안정된 일자리를 원하고, 또 이에 대한 사회적 기대가 있는 계층 및 학력을 갖고 있는 남성들의 불안감을 땔감 삼아왔다. 그러므로 그의 청년 정치에서는 도서관에서 공부하고 스펙을 쌓아 대기업에 취직하고, 결혼과 출산을 통해 사회가 '정상'이라고 규정하는 코스를 밟으려는 청년들만이 과대대표 된다. 반면 수많은 비정규직 노동자, 라이더 등 특수고용 노동자, 일용직으로 일하는 20대 남성·여성들은 '청년'으로 호명되지도 않고, 이들의 문제는 청년문제로 공론화되지도 못한다. 그는 소수자·약자를 제도적으로 보호하는 쪽에는 전혀 관심이 없다.

이제 이준석의 혐오정치를 끝낼 때

국회의원이 된 이준석은 더 과감한 행보를 보이고 있다. 젠더폭력에 대한 국민들의 우려조차 무시하기에 이른 것이다. 딥페이크 범죄에 대한 우려가 커지던 2024년 8월,

그는 국회에서 "(딥페이크) 위협이 과대평가되고 있다. 과잉 규제 가능성이 있다"[66]는 황당한 말을 했다. 심지어 딥페이크 등 디지털 성범죄 범죄자를 잡기 위한 위장수사 확대를 골자로 하는 성폭력 특례법 개정안 표결에 참석한 국회의원 중 유일하게 반대표를 던졌다.[67]

결정적으로 이준석이 '갈 때까지 갔다'는 것을 보여준 장면은 2025년 대선 3차 TV 토론의 '여성혐오 발언'이었다. 이준석은 자신의 발언이 누군가가 얼마나 저질스러운 사람인지 알리기 위함이라고 할지도 모르겠다. 하지만 실상은 자신이 정치적 목적을 위해 여성을 도구화하고, 그저 '신체'로서 분절화할 수 있음을 드러낸 셈이었다. 그의 '정치적 어그로'는 온라인상에서 여성을 사람이 아닌 신체의 일부나 성기로 치환해서 표현하는 말들을 이끌어낼 것이라는 점에서 더욱 문제다.

이준석은 토론회에 여성이 없다는 점을 이용했다(사회자도 남성이었다). 자신이 그런 말을 해도 문제를 제기할 사람이, 모욕감을 느낄 이가 없다고 여겼다. 그러나 이 토론회는 전국에 생방송되고 있었다. 그가 '여성혐오'가 무엇인지 알려주기 위해, 혹은 여성인권을 위해 그런 말을 던졌다고 생각하는 사람은 아마 없지 않았을까. 그 대신 국민들은 여성 대상 폭력을 '남의 일'인 양 언급하며 이것은 혐오냐 아니냐 물어보는 둔감함과 뻔뻔함에 경악했다. 그는 끊이지 않는 성희롱, 성적인 학대가 얼마나 극심한지를 이해하기보다는, 자신의 정치적 목적을 위해 혐오 발언을 재생산해내기에 급급했다.

그 이후 60만 명이 이준석을 국회의원직에서 제명하자는 청원[68]을 넣었다. 하지만 이준석은 무슨 일이 있었냐는 듯, 아무렇지 않게 개혁신당의 대표이자 국회의원으로서 의정활동을 하고 있다. 대선 토론에서 끔찍한 여성혐오 발언을 하고도 정치판에서 살아남을 수 있다는 것을 그가 직접 입증했으니, 여성을 모욕하거나 여성에 대한 모욕을 정치적 자산으로 삼는 '이준석들'이 계속 등장할지도 모른다는 불길한 예감이 든다.

하지만 비관하기는 이르다. 한국의 안티 페미니즘 백래시를 추동했던 주요 요인 중 하나는 이준석의 혐오정치였다는 사실을 인정하고, 이에 대항하는 방법을 지금부터라도 마련해나가야 한다. 차별금지법을 제정하고, 정부 차원에서 여성혐오 범죄와 젠더폭력에 대한 명확한 원칙을 세우는 일이 시작이다. 이준석의 혐오정치가 발 디딜 틈이 없도록 만드는 것이 핵심이다. 지난 몇 년 동안의 실패를 되풀이해서는 안 된다.

이준석이
'롤모델'이 되는 세상

어린 시절 록 음악을 좋아했지만 '저 사람처럼 되고 싶다'는 생각이 든 건 너바나의 보컬 커트 코베인이 유일했다. 그는 일찍 죽었고, 다른 위대한 뮤지션들에 비하면 명곡을 많이 남기지도 못했다. 하지만 "성차별주의자, 인종차별주의자, 동성애 혐오자들은 너바나 공연장에 오지 마라"[69]라며 줄곧 약자들의 편에 섰던 그가 참 멋지다고 생각했다. 그래, 롤모델은 커트 코베인 정도는 되어야 한다고 생각했고, 그건 지금도 변함이 없다. 훌륭한 사람, 성공한 사람은 많지만, 일단 멋있어야 롤모델이라고 할 수 있으니까. 그런데 어느 날 '롤모델 이준석'이라는 충격적인 말을 듣게 된다. 대통령 선거 기간이었던 2025년 5월이었다.

"아이를 가진 유권자분이라면 한번 생각해보십시오. 지금 이 상황에서 본인의 아이가 어떤 식으로 자라길 바라느냐. 과연 이재명 후보 같은 삶을 살길 바라느냐, 아니면 김문수 후보 같은 삶을 살길 바라느냐, 아니면 아이에게 롤모델로 이준석을 제시하겠느냐. (…) 다음 이준석은 바로 여러분의 자녀가 될 수 있다, 이런 말씀을 드리고 싶습니다."[70]

부모들이 자신의 아이를 이준석처럼 키우고 싶을 거라는, 자신이 롤모델이 될 수 있다는 생각부터가 당황스러웠다. '자아가 비대하다'는 표현을 잘 쓰고 싶진 않지만, 그 말밖에는 떠오르지 않았다.

21대 대선에 나왔던 다른 후보들과 비교해보자. 지금은 그 흔적조차 찾아볼 수 없지만 김문수는 노동운동에 청춘을 바친 사람이고, 이재명은 소년공으로 시작해 사법시험에 합격해서 시민운동에 참여하고 인권변호사를 한 인물이다. 권영국은 풍산그룹에 기술직으로 들어가서 노조를 만들려다가 해고당했고, 뒤늦게 변호사가 돼 굵직한 인권·노동 사건들을 맡았다. 이 세 사람과 비교했을 때 이준석의 삶은 어떤가. 하버드대 졸업, 20대 여당 비대위원, 최연소 당 대표, 40세 대선 후보…. 눈에 보이는 성과와 직함. 그런 것이라면 이준석이 저 앞의 세 후보보다 단연 앞서고 있다. 그는 빠르게 달렸고 일찍 성공했다. 동시에 그의 언술은 아이가 좋은 대학에 가고 성공하길 바라는 부모들의 마음을 자극한다. 즉 자신의 성공 자체를 일종의 '정치적 가치'로 내세운 것이다. '나처럼 되고 싶다면 따라와'인데, 여태 어떤 정치인도 이런 수사를 쓴 적은 없었다. 오로지 이준석만이 구사하는 방식이다. 그리고 그는 자신의 성공을 이끌어준 '평범한 가정에서 자라난 사람이 성공하는 사다리'를 지키겠다고 말한다.

"이준석같이 평범한 가정에서 자라났지만 그 안에서 사다리가 있는 대한민국을 꿈꾸며 공부 열심히 하면 또 노력하면 나중에 잘 살 수 있다는 걸 믿고 상계동에서 목동에서 여기까지 공부하면서 살아온 겁니다. 이 서사가 아마 여러분의 자녀가 공유할 수 있는 그런 서사가 됐으면 좋겠다, 이런 생각이고 저도 그 사다리를 지키기 위해서 노력하는 정치를 하겠습니다. 그래서 제가 교육에 대한 강조를 계속하는 겁니다."[71]

이준석의 아버지는 경북고-서울대 경제학과 출신에, 정치인 유승민의 고교동창이다. 어머니는 고등학교 교사였다. 그는 초등학교 6학년 때 신한증권 글로벌 영업 담당이던 아버지를 따라서 싱가포르와 인도네시아에 갔고, 그곳의 영국식 학교에서 영어를 배웠다(하버드 매거진 인터뷰 참고).[72] 중학교 시절은 학구열이 굉장히 강한 서울 목동에서 보냈다. 생각보다 흔하게 가질 수 있는 배경이 아니다. 평범한 것처럼 보이지만 결코 평범하지 않은, 상층의 이야기다. 이준석은 '모두를 위한 사다리'를 이야기하지만, 실제로 그가 말하는 사다리는 넓게 잡아봐야 상위 10퍼센트를 위한 사다리일 것이다. 그는 언제나 '말끔한 자'들을 기준으로 이야기한다. '능력(실력)대로' 경쟁할 수 있으면 아무 문제 없을 거라고, '능력대로' 순서를 정하면 모두가 인정할 거라고. 모두가 티 없는 상태에서 공정한 경쟁만 하면 우리 사회가 괜찮을 거라는 보수주의·능력주의의 이데올로기를 심는다. 하지만 애초에 말끔하게, 언제나 경쟁할 준비가 되어 있는 1등 시민의 자리를 점유하는 부모나 아이들이 대체 얼마나 될까. 상당수의 사람들은 자신의 주변 환경에서 상처받거나 한계를 느끼며, 자신이 지닌 소수자성을 자각하며 차별과 배제를 경험한다. 하지만 이런 이야기를 하면 이준석은 '징징대지 말라'는 식으로 반박한다. 인권위 책자에 혐오표현 예시로 소개된 "(여성혐오·차별은) 망상에 가까운 피해의식"[73]과 같은 발언만 봐도 알 수 있다.

그런데 이준석의 정치적 전략을 차치하고서라도, 이준석이 우리 아이들의 롤모델이 될 수 없음은 자명한 사실이다. 권영국과 이재명, 심지어 김문수까지도 우리 사회의 진보에 기여한 인물이었다. 적어도 사회를 더 좋은 방향으로 바꿔내고자 했고, 어느 정도 성과도 거뒀기에 지금의 자리에 있을 수 있었다. 하지만 이준석은 얼마나 세상을 좋은 방향으로 바꾸고자 했나. 그가 보수 정치 내에서 변화를 추구하고자 하는 건 알겠으나, 본질적으로 그는 윤석열 정권 창출에 책임이 있는 사람이다. 그리고 무엇보다 약자들을 갈라치기 하면서 자신의 정치적 자산을 만들어냈다. 장애인 이동권 시위를 '비문명'으로,[74] 공학 전환 반대 시위를 열었던 동덕여대 학생들을 '폭도'[75]로 몰아가고, 국민연금을 통해 청년 세대가 중국·몽골 이주노동자의 노후 생계를 책임지게 될 수도 있다고 주장한다(사실이 아니다).[76] 더불어 상상하기도 힘들었던 대선 TV 토론에서의 혐오 발언은 그의 정치가 어떤 수준인지 정확하게 보여주는 예시였다.

이준석이라는 존재는 혐오에 대한 우리 사회의 감각을 무디게 만들었고, 이같이 '혐오의 승인 및 보편화' 현상은 지금도 한국의 많은 공동체를 붕괴시키고 있다. 그런 그가 롤모델인 세상은 어떨까. 사람들이 선망하는 좋은 대학을 나오고, 좋은 경력을 쌓았지만 타인의 고통을 비웃거나 '망상'이라고 말하는 사람. 인간이 얼마나 존엄한지, 그 자체로 빛나고 있는지, 각자의 자리에서 얼마나 고군분투하고 있는지 이해하지 못하는 사람. 그런 아이들이 우후죽순 자라나는 세상은 우리가 상상할 수 있는 최악의 디스토피아일 것이다.

이준석이 커트 코베인만큼이나 멋져 보이는 세상이 온다면, 그건 아마 우리의 잘못일 것이다. 다행히 아직은 오지 않았다. 그런 세상을 막기 위해서 정치가 있고, 운동이 있고, 연대가 있다. 절망하거나 냉소하기엔 이르다.

남성 페미니스트는
다 어디로 갔을까

2016년 5월, 강남역 여성 살인 사건은 남성들도 변화시켰다. 몇몇 남성들은 추모 현장에서 "증오는 추모가 될 수 없다"라는 피켓을 들기도 했지만, 이는 소수에 불과했다. 남성들도 강남역 10번 출구의 추모의 의미를 담아 포스트잇을 붙였고, 《오마이뉴스》에서도 남성 시민기자들이 쓴 반성 혹은 분노가 담긴 글을 볼 수 있었다. 페미니즘은 시대정신이었고, 표면적으로는 그와 어긋난 이야기를 하면 '뒤처진' 사람 취급을 받기도 했다.

그로부터 10년이 흘렀다. 그때 함께 비슷한 목소리를 내던 여성들은 대부분 그 자리에 있다. 페미니스트로서 이따금 목소리를 내면서, 페미니스트로서 살아간다. 당연하다. 자신이 체감하기에 근본적으로 변한 것이 없기 때문이다. 페미니스트들의 노력 덕분에 법과 제도가 바뀌었고, 특히 여성폭력에 대한 사회적 경각심이 커졌다. 하지만 체제가 뒤바뀌진 않았다. 더군다나 윤석열 정권에서의 퇴행을 생각하면, 10년 전보다 더 나아졌다고 장담할 수도 없다.

그런데 남성들은 다 어디로 갔을까. 페미니즘은 언급만 해도 큰일이 나는지, 아예 젠더 부문에는 침묵하는 이들이 많다. 나도 기자가 아니었다면, 글을 쓰지 않았다면 그렇게 은근슬쩍 페미니즘을 이야기하지 않는 남성으로 변했을까. 내게는 그리 중요하지 않은 거라고, 한때의 유행처럼 치부했을까. 나아가 페미니스트를 자처하던 이들 중에도 '래디컬 페미니즘'이 너무 과하며, 시대가 달라졌으니 청년 남성들이 힘든 부분을 이해해야 한다는 식으로 생각이 변한 사람도 보인다. 그들과 내가 사는 세상이 다른 것일까. 그 어디에서도 '청년 여성이 청년 남성보다 잘 사는' 모습을 찾아볼 수 없는데 말이다.

하기 남성 페미니스트는 일종의 '멸칭'이 됐다. 젊은 남성들 사이에서 남성 페미니스트는 '여성에게 잘 보이려고 여성 우월주의자가 되는' 역겨운 존재들이다. 심지어 일부 여성들도 '남페미'라면 싫어한다. 애초에 남성이 페미니스트가 될 수 없다는 의견도 있고, 남성이 '나대서' 여성들의 자리를 빼앗는다는 말도 있다. 그러니 스스로를 남성 페미니스트라고 말하면 영 이상한 사람이 되어버린다.

언젠가 내가 낸 책의 제목을 듣고 한 남성이 "지금도 페미니스트시죠?"라고 질문했다. 웃으며 "네"라고 말하긴 했지만, 한편으로는 씁쓸함이 남았다. '그럼 당신은 페미니스트가 아니세요?'라고 반문하고 싶었다. 성평등을 지향한다고, 여성의 삶이 지금보다 더 나아져야 한다고 믿는다고 말하는 일이 왜 이리 어려워졌을까.

'남성 이해하기'가 안티 페미니즘을 덮었다

예전에는 내게 '안티 페미니즘'에 어떻게 대응해야 하냐고 물어보는 사람들이 많았다. 그런데 요즘에는 '젊은 남성 안티 페미니스트를 어떻게 이해해야 하냐'라고 묻는 경우가 더 많다. 분명 같은 문제인데, 이를 대하는 사회의 분위기가 바뀐 것이다. '억울한 느낌'을 이야기하는 목소리가 커지면서, 정말 억울하거나 고통받는 이들의 목소리가 묻히고 있다. '남성 역차별'이 주된 화두가 되면서, 정작 만연한 여성차별은 문제시되지 않는다. 남성들을 이해하고자 하는 시도, 물론 필요하다. 그들이 공유하는 여성혐오의 기저를 알아야 하기 때문이다. 하지만 청년 남성의 '기분'을 실재하는 고통보다 더 중요시해야 하는가?

보수화되고 안티 페미니즘 성향이 심해지는 청년 남성들에 대한 관심이 너무나도 크다. 연구도 많고, 여론조사도 많고, 정치인들의 언급도 많다. 하지만 청년 여성들의 급진적인 모습에는 그만큼의 관심을 주지 않는다. 이 자체가 남성중심주의 사회의 근거일까, 아니면 '극우화'의 조짐을 보이는 남성들에 비해 여성들이 사회를 위협하지 않는다고 여겨서일까. 아무튼 우리 사회는 온통 남자들에게만 관심이 쏠려 있다. 성평등 행사에서까지 '남자 걱정'을 하는 이들을 만나게 되면, 대체 세상이 어떻게 돌아가나 싶다.

핵심은 변하지 않는다. 여성의 사회 진출이 증가하면서, 남성들이 자신의 기존 권력을 위협받고 있다고 느끼면서 남성이 차별받는다는 일종의 '착시 현상'을 경험하는 것이다. 그리고 누군가는 남성들의 그러한 상황을 정치적 땔감으로 삼아 혐오를 조장한다. 문제의 원인은 청년 남성들의 인식에 있다. 그런데 자꾸 '과도한 페미니즘'이나 우리 사회가 남성들의 목소리에 귀 기울이지 않았던 것이 원인이라는 주장이 제기된다. 과도한 페미니즘은 어불성설이고, 남성들의 목소리는 이미 너무 많이 듣고 있다.

나도 남성들의 인식을 바꾸고 싶다. 하지만 안티 페미니즘과의 타협이나 애매한 공존 같은 건 길이 될 수 없다. "남성도 힘든 게 있지"라고 하는데, 맞는 이야기다. 하지만 그건 성별 고정관념에 의해 남성에게 가해지는 사회적 압박 때문이고, 오히려 페미니즘을 추구해야 하는 이유가 된다. 힘들고 억울하면 여성에게 분노를 표출하는 게 아니라, 지금의 성불평등 구조를 바꾸는 데 함께 나서야 한다.

여성혐오자로 살지 않는 길

수많은 남성 페미니스트들은 진보적이고 대안적인 삶을 개척하며 살아왔다. 나는 아니다. 평범했고, 또 진부했다. 군대에 가서 여성들을 부러워했고, 나를 바라봐주지 않는 여성을 미워했다. 주변에 좋은 친구들이 많아서 페미니즘에 우호적인(?) 편이었지만, 내 실제 삶은 페미니즘에 충실했다고 말하기 어렵다. X(구 트위터)에서 누군가 내가 페미니즘 책을 낸 것이 싫다고, 예전에 저 사람 저렇지 않았다고 비난하는 걸 보면서 큰 충격을 받았지만, 또 한편으로는 '그럴 수도 있겠구나' 싶었다. 지금은 글로 쓴 만큼, 말한 만큼 살기 위해 노력하지만 예전에는 그러지도 않았을 테니까.

그러나 평범한 남성의 길을 밟아왔기에 더 눈에 보이는 것이 있다. 커뮤니티가 담아내지 못하는 삶의 모습이다. 여성들과 좋은 관계를 맺고 싶고, 여성혐오가 잘못됐다고 믿지만, '킬조이'할 만한 용기는 없는 남자들. 안티 페미니즘은 잘못됐다고 생각하지만, 차마 그걸 언행으로 옮기지 못하는 남자들. 그들은 침묵하고, 숨어 있다. 이대로 내버려두면 안티 페미니즘 진영으로 빨려 들어갈 것이다. 이미 그런 흐름이 보인다.

비난을 받거나, 회색분자 취급을 받더라도 남성 페미니스트로 살아가고자 하는 이유는 커뮤니티가 대표하지 못하는 남성들에게 '페미니스트로 살아도 괜찮다'는 걸 보여주고 싶어서다. 페미니스트로 산다고 삶에 큰 일이 일어나지도, 친구들과 멀어지지도 않는다. 남성으로서의 희생을 강요받지도 않는다. 대신 지금보다 돌봄에 충실하고, 평등을 추구하며, 가부장제에서 벗어난 체계를 꿈꾸며 사는 것이다.

페미니스트로 사는 것은 여성을 찬양하거나 여성만을 위한다고 떠드는 일이 아니다. 젠더라는 렌즈로 세상을 바라보며 생각을 끊임없이 갱신하고, 소수자와 약자가 딛고 선 땅이 얼마나 척박한지 이해하는 행위에 조금 더 가깝다. 이는 내 사유의 불완전함을 인정하고, 고정된 틀에 균열을 내고 서서히 스스로를 해방하는 일이기도 하다.

페미니즘이 남자들을 망치는 것이 아니라, 여성혐오가 남자들을 망치고 있다. 누군가를 미워하고 조롱하는 일보다는 사랑하고 아껴주는 일이 훨씬 즐겁다는 걸 남자들이 알았으면 한다. 그럴듯한 말에 속지 말길, 절망에 빠지지 않길, 행복하게 살길 바란다. 여성혐오자가 되지 않길 바란다. 그것이 비현실적인 바람이라고는 생각하지 않는다.

요즘 자주 거대한 벽 앞에 가로막힌 느낌을 받는다.

그럴 때마다 페미니스트로서 더 잘 살아가고자 노력한다. 나는 항상 동료들과 똑같은 자리에 서 있을 것이다. 힐끗 힐끗 쳐다보는 이가 있다면 이리 오라고 손짓할 것이다. 운 좋게 그가 온다면, 손을 꼭 잡아줄 것이다.

이재명 정부와
실종된 페미니즘

"남성들이 특정 영역에서 차별받는다고 느끼는 영역이 있는데, 거기에 대한 논의를 공식적으로 어디에서도 안 하고 있음. (…) (성평등가족부로 확대 개편하면) 특정 부분에서의 남성들 차별 부분을 연구하고 대책을 만드는 방안을 점검해주시기 바람."

—2025년 6월 10일 국무회의, 신영숙 여성가족부 장관 대행에게 주문[77]

"한 분이 그런 얘기를 하더라. '취업하기까지는 여성이 좀 유리하고 남성이 차별받는 것 같다.'"

—2025년 9월 19일, '2030 청년 소통·공감 토크콘서트' 중 발언[78]

"여성에 대한 구조적 성차별은 아주 광범위하게 있잖아요. 그런데 아주 특정한 영역에서는 예외적으로 남성들이 차별받는 부분들이 있을 수 있습니다."

—2025년 10월 14일 국무회의, 원민경 성평등가족부 장관과의 대화[79]

이재명 대통령은 대통령 취임 이후 세 차례나 '남성 차별'에 대해 이야기했다. 이 정도면 각별한 관심이다. 이 대통령은 언제나 여성에 대한 성차별이 더 극심하다는 전제를 깔지만, 결국 그가 하고 싶은 말의 초점은 남성 차별을 어떻게 해결할 것이냐, 또는 남성의 관점에서 '젠더 갈등'을 줄일 수 있는 방법을 모색하라는 것이다.

사실 이 대통령이 해결하고자 하는 '남성 차별'이 구체적으로 무엇인지도 알기 어렵다. 이 대통령은 '특정한 영역에서 차별'이 있다고 말했지만 '군 복무'를 제외하고는 그 특정한 영역이 무엇인지 쉽게 떠오르지가 않는다. 이 대통령은 "취업하기까지는 여성이 좀 유리하다"라는 말을 전

128

했지만, 그것은 20대 여성의 고용률이 20대 남성보다 높고 (5퍼센트포인트, 2023년 기준)[80] 취업 시점이 더 빠르다는 것만을 강조한 이야기다.

신경아 한림대 사회학과 교수는 「노동시장은 성평등해지고 있나?」라는 논문에서 "(20대 여성과 남성을 비교했을 때) 남성은 여성보다 첫 취업의 시점이 늦지만 더 안정적인 일자리에 들어가는 경향이 뚜렷하다. 20대 중반 이후 남성의 임금은 여성의 임금보다 높아지는 역전 현상이 일어난다"[81]라고 말했다. 이어 "20대 여성과 남성의 노동시장 조건을 비교할 때, 집단으로서 여성의 우위성이 발견되지 않는다"라며 "여성 내부의 분화 결과 상위 일자리에 들어가는 여성들이 늘었을 뿐이다"[82]라고 강조한다.

또한 '남자들이 결혼이나 데이트할 때 돈을 더 많이 내야 한다'와 같은 통념은 맨박스(가부장제 사회에서 강요되는 남성성)이기도 하고, 경제협력개발기구(OECD) 1위의 '성별 임금격차'와도 관련되어 있으니 '남성 차별'과는 거리가 멀다. 이 대통령은 결국 청년 남성들의 '차별당한다는 느낌', 그 인식을 개선하고 싶은 것일까?

사라질 뻔했던 여성가족부를 살려 성평등가족부로

확대개편하고, 여성단체로부터도 장관 적임자로 평가되던 변호사 출신 원민경 장관을 임명한 것은 다행이다. 그러나 최초 이 대통령이 장관 후보자로 지명한 인물은 비동의강간죄와 차별금지법을 사실상 반대했다. 또한 이 대통령이 여성가족부장관 직무대행을 처음 만난 국무회의 자리에서 '여성폭력' 관련 보고를 받고도 남성 차별 대책을 주문했다는 사실은 의아하기 짝이 없는 지점이다. 이쯤 되면 성평등가족부로의 이름을 바꾼 것 역시 단순히 부처 이름에서 '여성'을 빼기 위해서였다는 의구심이 들 수밖에 없다. 그는 20대 대선 후보 시절에 페미니즘이 일반적 정책으로는 맞지만 부분적으로는 갈등을 야기한다며, "제가 고민 고민 끝에 여성가족부를 폐지하자(고 했다), '여성' 자가 들어가니까"[83]라고 말한 바 있다.

성평등가족부 개편 과정에 이 대통령의 의중이 반영됐다는 이야기도 나온다. 실제로 성평등가족부가 출범하면서 여성과 남성의 차별에 대한 인식 격차에 대한 대책을 마련하기 위해 성형평성기획과가 개설됐다. 세간에선 '남성 역차별' 담당 부서라고 일컬어지기도 한다.

그래서 성평등가족부가 젠더폭력 근절 및 피해자 지

원, 구조적 성차별 해소와 같은 필수 업무가 아닌, 남성의 젠더의식에만 신경 쓰느라 본말이 전도될 수 있다는 말도 나온다. 또한 현재 성평등정책관 아래 4개과 중 주무과(국이나 관에서 맡은 업무를 총괄하는 과)는 성평등정책과(기존 여성정책과)가 아닌 성형평성기획과다. 정춘생 조국혁신당 의원은 2025년 국회 성평등가족위원회 국정감사에서 "우리나라에 수천 년간 쌓여온 구조적 성차별 문제가 있고, 성평등가족부는 그것을 우선적으로 해소해야 되는 숙제가 있다. 우선순위는 양보할 수 없다"라며 성평등정책관의 주무부서가 성평등정책과가 아닌 성형평성기획과라고 하는 것은 우려스럽다"[84]라고 지적한 바 있다.

왜 페미니즘은, 여성 정책은 이재명 정부에서도 힘을 얻지 못하는 것일까. 지금의 이 기막힌 상황의 근원을 나는 '박원순 성폭력 사건'으로 본다.

이재명의 민주당에도 페미니즘은 없었다

박원순 성폭력 사건은 여성운동을 했거나 여성계 추천으로 정치에 입문한 민주당 정치인들에게 큰 타격을 주었다. 또한 민주당과 민주당 지지층 내부에서 적극적으로 안티 페미니즘 움직임이 일어난 것도 이때다. 당시 민주당 여성의원 단톡방에서 '피해호소인'이라는 표현을 사용하자고 주장했던 남인순 의원(당시 민주당 최고위원)과 이에 동의했던 진선미·고민정 의원은 2차 가해 지적을 받고 사과해야만 했다[85](남 의원은 박 전 시장의 성추행 피소 사실을 서울시에 전달했다는 의혹을 받았으나 본인은 이 의혹에 대해 부인했으며, 경찰과 검찰 조사 결과 무혐의 처분을 받았다[86]).

'피해호소인'은 매우 부적절한 표현이었다. 하지만 돌이켜 생각해보면 대다수의 남성 의원들은 그 상황에서 무엇을 한 걸까. 그저 뒤로 쏙 빠져 있을 뿐이었다. 당시 《한겨레》는 "남 최고위원이 '피해호소인'으로 정리하자고 해서 다들 '그런가 보다' 하고 미처 생각을 못 했다"[87]라는 당 지도부 남성 의원의 말을 전하기도 했다. 젠더 이슈는 여성 의원들이 전담하는 분위기였으므로, 성폭력 사건에 대한 민주당의 미온적인 대처에 대한 비난 역시 여성 의원들에게 집중됐다. '페미니스트가 어떻게 그럴 수 있냐'면서. 정작 당시 이해찬 대표, 이낙연 의원 등이 '피해호소인'이라는 말을 쓴 것을 기억하는 사람은 드물다.

남 의원과 진 의원은 그 이후 젠더 이슈에 대해 직접

적인 목소리는 거의 내지 않고 있다. 페미니즘을 이야기하던 다른 의원들도 힘이 빠진 것은 매한가지였다. 박 시장의 지지자들 사이에선 페미니스트들을 '고인에 대한 예의가 없는' 사람, 박 전 시장을 죽음으로 몰아간 이처럼 여기기도 했으니까. 젠더적 관점의 필요성이나 여성 의제를 이야기하면 민주당 지지층과 보수 언론에서 동시에 비난받으며 용기를 낼 수 있는 이들은 많지 않았을 것이다.

나아가 서울시장 재보궐 선거와 국민의힘 전당대회를 통해 이준석이 떠올랐고, 그가 안티 페미니즘 전략으로 20대 남성의 여론을 쥐락펴락하는 상황에서, 민주당은 무력하기만 했다. '안티 페미니스트 정치'와 단호하게 선을 긋자고 말하는 목소리는 힘을 얻지 못했고, 오히려 이대남들의 심기를 건드리지 말자는 희한한 '보신주의'만 가득했다. 20대 대선 당시 이재명 민주당 후보의 갈지 자 행보는 이러한 분위기를 반영한다.

20대 대선은 이준석이 만든 '젠더 선거'였는데, 황당하게도 당시 이재명 캠프의 초반 전략은 '이대남 감싸안기'였다. 이재명 후보는 선거운동 초반에는 '광기의 페미니즘'을 멈춰달라는 글을 공유[88]하고, 에펨코리아에 인증 글[89]을 썼다. 거기다가 페미니즘을 비롯한 인권 이슈를 다루는 유튜브 채널 〈씨리얼〉 출연 거부 논란[90]까지 일으켰다. 그러다가 선거 막판에 이재명 후보는 입장을 바꿨다. 디지털 성폭력 문제를 고발하던 추적단 불꽃의 박지현 씨를 영입해서 선거 전면에 내세웠고, 성평등 의제를 명확하게 내세우며 그나마 여성들의 표를 얻을 수 있었다.

하지만 결국 당시 대선에서 패배했는데, 이때 민주당 진영을 대변하는 팟캐스트 진행자들이 '페미니즘을 버리지 못해' 선거에 졌다는 주장을 펼치면서 여론을 호도한다. 여기에 박지현 비상대책위원장이 이끈 지방선거마저 패배하면서, 그들의 '페미=패배' 논리는 지지층 사이에서 더 힘을 얻게 된다. 윤석열 정권하에서 페미니즘이 '문제시되는' 상황과 맞물려 민주당 내에서도 성평등 의제가 아예 사라지기 시작한다. 남초 커뮤니티의 공격을 받을 수 있는 주제에는 다들 입을 다물었고, 페미니스트 의원들조차 젠더가 빠진 의제들에 대해서만 이야기했다. 페미니즘은 '부정적 이슈'를 불러올 수 있으므로 쉬쉬하는 분위기처럼 느껴졌다. 이는 결국 22대 총선에선 페미니스트 정치인들이 지역구 경선을 통과하지 못하고, 여성계 비례 공천도 이뤄지지 않는 결과로 이어졌다.[91] 여성들의 목소리와 분노를 대의할 수 있는 창구가 더 좁아진 것이다. '이재명의 민주당'에서 페미니즘은 사라졌으니, 이 같은 기조가 이재명 정부에도 반영되는 것은 어찌 보면 당연하지 않을까.

수많은 20·30 여성들이 광장으로 나와서 '응원봉 혁명'을 만들었고, 대선 때도 민주당을 압도적으로 지지했음에도 불구하고, 그 의미가 이 대통령에겐 와닿지 않는 이유가 있다. '젠더적 관점'의 부재다. 광장의 목소리를 대통령도, 대통령 주변의 누구도 젠더적으로, 여성이나 성소수자의 목소리로 해석하지 않고 있다. 그러니 그냥 '20·30 여성 기특하다'에 그치고, 정작 정권이 세워지고 난 뒤에는 20·30 여성의 목소리를 묵살하는 것이다.

남성이 불쌍하고 과도한 페미니즘은 안 된다는 게 국민통합일까

정부 입장에서 '젠더 갈등' 해결, 물론 필요하다. 여성과 남성의 젠더 인식 격차가 커지는 것이 좋은 일은 아니기 때문이다. 하지만 그 방식이 자꾸만 엇나가는 느낌이다. 일례로 대통령 직속 국민통합위원회에서 2025년 12월에 열었던 '2025 세대·젠더 국민통합 컨퍼런스'를 보자. 이날

컨퍼런스의 핵심 주제는 20·30 남성과 젠더 갈등이었다.

　이석연 국민통합위원회 위원장은 행사 인사말에서 자신이 1999년 헌법재판소에서 위헌 결정을 받은 제대 군인 군 가산점 제도의 헌법소원을 낸 당사자(청구인들의 대리인)라고 소개하며 "젠더 갈등에 있어 한 단초를 열었던 사람으로서 송구스럽기도 하다"고 말했다. 이어 군 가산점 폐지로 인해서 "상대적으로 (남성들이) 역차별을 받게 됐다"며 "저는 항상 남학생들 군대 갔다 온 분들한테 미안한 감을 갖고 있다"고 밝혔다.[92]

　이 위원장은 군 가산점 제도 폐지가 마치 젠더 갈등의 단초처럼 이야기했다. 누구보다 왜 군 가산점 제도가 위헌인지 아는 사람이 말이다. 군 가산점에 대해선 '국가가 여성과 장애인 등 비제대군인에 대한 (사실상의) 처벌을 바탕으로 제대군인에 대한 지원을 해결한다는 점에서 위헌 결정을 받았고' '공무원 채용에 응시하는 소수만 혜택을 볼 수 있는 제도로서, 군 복무를 한 모두에게 주는 정당한 보상이 될 수 없다'는 지적[93]이 나온 지 오래다. 국민통합위원장이 군 가산점 위헌 결정이 마치 문제가 있는 것처럼 말하는 것은, 그가 말하는, 더불어 이 정부가 말하는 '통합'의 정체도 의심케 한다.

그리고 이 행사에서 김조은 KDI 국제정책대학원 교수의 〈해외 청년세대의 젠더 갈등 양상과 시사점〉이라는 스페인의 사례를 담은 발제 역시 우려스러운 내용을 담고 있었다. 보도자료에 따르면 김 교수는 "2018년 대규모 페미니즘 운동을 계기로 오히려 안티 페미니즘이 확산되고 극우정당이 의회에 진입하는 일까지 발생하였고" "남성을 잠재적 가정폭력 가해자로 규정하는 2004년 여성폭력방지법, 2022년 Solo sí es sí 법(명시적 동의 없는 성관계를 성폭력으로 규정하는 법) 등 주요 성평등 정책이 남성의 역차별 인식을 증폭시키는 부작용을 불러 일으킨 것은 물론, 정교하지 못한 제도 설계로 많은 비판을 받았다"[94]라고 전했다.

이에 대해 한국성폭력상담소는 "성평등 정책이 남성 차별 인식을 조장하고, 그 결과 청년 남성이 보수·극우화될 수 있다는 잘못된 인과관계를 국민통합위원회는 아무런 비판 없이 제시했다"라며 "성차별을 해결하지 않은 채 '남성 차별'을 앞세우는 것은 통합이 아니라 책임 회피라는 점을 분명히 한다"[95]라고 비판했다. 이처럼 '젠더 통합'을 외치는 행사에서 군 가산점 폐지를 반성하고, 여성폭력에 관한 법 제정이 오히려 부작용을 일으킨다는 메시지가 전달되었다는 점은 징후적이다. 이재명 정부가 제시하는 젠더 통합, 나아가 성평등 정책의 방향성이 '남성을 고려하자'를 넘어서 '남성을 달래주자'에 가까워 보이기 때문이다. 당장 시급하게 해결해야 할 폭력과 차별 문제의 대책을 세울 때도 혹시나 남성들, 특히 남초 커뮤니티 여론을 살피지는 않을까 염려가 들 정도다.

21대 대선 이후 다시 20대 남성에 관한 이야기가 많이 나온다. 이는 민주당을 지지하는 이들이 20대 남성 공략법을 원한다는 점과 무관하지 않다. 그들은 보수화됐다고 평가받는 20대 남성들이 민주당으로 마음을 돌리기를 바라며 이런저런 해법을 내놓고 있다. 하지만 이는 대체로 "무고로 인한 피해자는 소수로 추정된다 할지라도 남성들은 주관적으로 높은 공포감을 느낀다. 그렇다면 이를 적극 포용해야 하지 않을까?(이범 교육평론가, 《경향신문》 칼럼)"[96] 정도의 황당 논리, 혹은 '과거 민주당 정부의 페미 중심 정책(?)을 반성하고, 이대남들에게 공감하라' 수준에 가깝다. 결국 20대 남성을 어떻게든 감싸고 돌보라며, 그들의 억울한 '느낌'을 존중하라는 것이다. 게다가 '남성 차별'을 언급하는 이들이 동시에 '이대남 극우화'를 우려하는 것을 보며 뭔가 크게 잘못되었다는 생각이 들었다. 그 억울한 '느낌'에 힘을 실어주는 순간 집게손 음모론 같은 것이 튀어나오는 것이다. 근거 없는 남성 차별 주장과 안티 페미니즘을 주류 정치 세력이 '그럴 수도 있지'라며 포용하고 인정해버리면 혐오는 승인받고 정당화되며 이는 극우화의 원동력이 된다. 민주당을 찍을 가능성은 더 적어진다는 이야기다.

'남성 달래주기' 같은 정치적 메시지는 그 어떤 문제도 해결하지 못한다. 실질적으로 남성의 삶을 더 좋게 만드는 게 중요하고, 그것은 이 대통령의 뜻과도 다르지 않을 것이다. 문제는 '페미니즘을 사라지게 만들어야' 남성들이 만족할 거라고 생각하는 민주당과 민주당 지지층의 분위기다. 여성 정책은 철저히 외면한 채 일명 '이대남 특별 정책'을 이야기하는 모습, 그것이 페미니즘과 성평등 정책 추진을 일종의 '파이 싸움'처럼 보이게 한다.

'남성들이 여성보다 살기 힘들다'는 말을 단순히 '청년 남성들의 인식'으로 이해하고 대응을 하느냐, 아예 사실로 받아들이느냐는 중요한 문제다. 전자의 관점에서는 성평등적 관점에서 남성들의 젠더 인식을 분석하고, 안티 페미니즘에서 비롯된 여성혐오 문제까지 다룰 수 있다. 하지만 후자의 관점으로 정책을 시행하면 '남성 우대 정책'을 펼치거나 여성 정책을 도외시하는 결과를 가져오게 된다.

성평등 정책을 통해 여성과 남성의 삶이 동시에 더 나아질 수도 있고, 남성들은 '가부장되기 압박'에서 탈출해 대안적 남성성을 도모할 수도 있다. 복잡하고 장기적으로 추진되어야 할 방안이다. 하지만 정부 여당에서 페미니스트의 목소리를 지워버리는 지금과 같은 기조에서는 불가능하다.

박원순 성폭력 사건의 교훈이 '페미니즘은 안 된다'가 될 순 없다. 지난 두 번의 대선 교훈이 '남성이기 때문에 생기는 20대 남성의 억울함을 이해하자'가 되어서도 안 된다. 지금이라도 잘못 꿰어진 단추를 바로 잡아야 한다. 여성폭력에 대한 관심을 갖고 정책을 세우는 것은 청년 남성들의 삶을 위협하지도, 차별이 되지도 않는다. 명확한 성평등 관점을 세워서 '극우화'를 저지하며, 그 속에서 청년 남성들의 삶이 나아질 수 있도록 도모해야 한다. 정말 대통령이, 민주당 정부가 20대 남성의 지지를 얻고 싶다면 말이다.

2부

남성을 망가뜨리는 구조에 관해

여경무용론과
교제살인 못 막는 사회

'결혼하지 않아서' 그동안 여성 피해자를 보호해줄 법
이 없었다. 경찰은 교제폭력 사건임에도 소극적이고 안일
하게 대응했다. 2023년 일어난 금천구 교제살인 사건을 막
을 수 없었던 이유다.

피해자는 '가해자(피의자)가 팔을 거칠게 잡아당기고
골목으로 끌고 가려고 했다'며 교제폭력으로 경찰에 신고
했다. 실제로 가해자는 피해자의 이별 통보 이후에 "(피해
자) 집에 있는 TV를 부쉈다"라고 협박하거나, 피해자 집의

현관문 비밀번호를 바꿔놓기도 했다. 심지어 《한국일보》 보도[1]에 따르면 피해자는 112에 신고해 예전에 맞은 적도 있다고 말했다고 한다. 뒤늦게 살인 사건의 조사 과정에서는 가해자가 이별을 통보한 피해자의 뺨을 때린 것이 확인돼 상해 혐의도 추가됐다.

안타깝게도 경찰은 피해자와 가해자를 각각 조사한 후 모두 그냥 돌려보냈다. 경찰은 피해자와 가해자 모두 폭력이 경미하다고 진술했고, 피해자가 가해자의 처벌을 원하지 않는다는 점을 고려했다고 한다. 또한 가해자에 대한 '범죄 피해자 위험성 판단 체크리스트'에서 위험성 평가가 '낮음'으로 나왔다는 점을 들어 범죄 위험성도 높지 않은 것으로 봤다. 그러나 피해자는 조사를 받고 나온 지 10분 만에, 피해자의 차가 주차돼 있는 주차장에서 피해자를 기다리던 가해자에게 살해당했다.

교제폭력은 친밀한 관계에서 일어난 폭력이므로 당연히 재발 가능성이 높다는 점, 더 심화된 범죄로 나아갈 수 있다는 점이 문제다. 당연히 이를 규율할 수 있는 법이 존재해야 마땅하다. 하지만 한국에 '교제폭력처벌법'은 없거니와, 사실혼 관계로 판단되어야만 가정폭력처벌법을 적용할 수 있다. 이럴 경우 '접근 금지'나 가해자의 유치장 또는 구치소 유치 등의 임시 조치를 통해 피해자를 보호할 수단이 없다는 것이다.

법을 처음부터 새로 제정하는 것이 어렵기 때문에, 가정폭력처벌법의 처벌 대상을 교제폭력까지 확대하는 안이 줄곧 추진되어왔다. 이는 윤석열의 '대선 공약'이기도 했지만, 정작 21대 국회에서는 발의된 권인숙, 박광온 안이 모두 상임위에 계류됐다가 폐기되었다. 22대 국회에서는 여성가족위원회가 교제폭력 피해자를 스토킹피해자와 동일하게 보호하는 안을 통과시켰으나, 이 역시 법제사법위원회를 통과할 수 있을지 미지수다.

전문가들은 가정폭력처벌법 역시 반의사불벌죄, 조건부 기소유예 등 소위 '독소 조항'이 개정되면서 동시에 교제폭력까지 포함해야만 실효성이 있을 것이라고 입을 모은다. 사실 교제폭력이나 가정폭력에 대한 더 강력한 처벌을 원하는 국민 여론이 높다. 엄벌주의가 꼭 옳은 것은 아니지만, 지금까지의 법에 구멍이 많았음을 국민들이 모르지 않기 때문이다. 그러나 자꾸 우선순위에서 밀린다. 여타 법안에 비해 정부와 국회의 의지가 부족하다는 게 실감이 된다. 이익단체의 로비나 압박이 없어서일까? 아니면 여성 문제라서 대부분의 남성 의원과 관료들이 무관심한 것일까? 이러한 '집단적 의지 없음'을 누구에게 책임을 물어야 할지도 모르겠다.

그런데 단지 입법 공백만이 문제는 아니다. 사실 금천구 교제살인사건에서 더 문제적이라고 생각한 부분이 경찰의 대응이었다. 일단 현행법상 교제폭력 사건에서는 피해자에게 스마트워치 지급과, 임시 거처 제공 등의 보호 조치가 가능하다. 피해자가 이를 거부하더라도 '이별 후 폭력' 상황을 고려해 이러한 보호조치를 적극적으로 시행했어야 한다는 지적이 많다.

나아가 경찰은 '결혼할 생각이 없고, 생활비를 따로 쓴다'는 피해자 진술을 듣고 사실혼 관계로 보지 않았지만, 실상 가해자는 피해자 집에서 피해자 어머니와 함께 1주일에 1~2일간 같이 사는 등 '느슨한 동거 관계'였다. 이 점을 고려해 가정폭력처벌법 적용을 검토할 수도 있었을 것이다. 또한 이별 후 협박을 하거나, 현관문 비밀번호를 바꾼 것을 스토킹으로 보고 스토킹 처벌법을 검토할 수 있었음에도 그렇게 하지 않았다.

물론 경찰 개개인이 대응하는 데 한계가 있다는 걸 알고 있다. 법이 마련되어 있지 않은데다, 피해자조차 처벌이나 보호조치를 원치 않는 상황에서, 매뉴얼이나 관행을 넘어서서 적극 대응하는 것에 대한 부담도 클 것이다. 또한 '과잉 수사' '과잉 대응'의 문제를 피하기 위해서는 '얼마나 피해자가 위험한지'에 대해 정확하게 파악하는 것이 필요한데, 이 판단은 결코 쉽지 않다. 그러므로 경찰 조직의 교제폭력 또는 여성 대상 범죄 민감도를 전반적으로 높이는 것이 근본적인 해답이 될 수밖에 없다. 지금처럼 여성 경찰이 조직의 14.84퍼센트(2023년 기준)밖에 안 되는 경우, '여성 시민이 얼마나 위험한지'를 느끼는 감각은 너무나 둔할 수밖에 없다. 이제 막 여경·남경 통합채용을 시작하긴 했지만, 아직 갈 길이 멀다. 더군다나 여성 경찰에 대한 혐오가 사회적으로 심각한 상황이다. 경찰 내부에서까지 '여경 무용론'등이 공공연히 언급되고, 성차별적 조직 문화가 남아 있다 보니 여성의 관점에서 사건을 해결하려는 노력은 간과되기 일쑤다.

일시적으로 매뉴얼을 바꾸거나, 강력 대응을 시사하는 것은 교제폭력에 관한 근본적인 해법이 될 수 없다. 여성이 경찰 조직에 많아야, 다양한 업무에 많이 개입해야만 달라질 수 있다. 지금 상황에서는 교제폭력이 가정폭력처벌법에 의해 처벌이 가능해지더라도 솜방망이 처벌이 우려되는 게 현실이다. 개인의 문제가 아니라, 경찰 조직 자체가 남성의 관점에서 움직이고, 그에 따른 관행이 고착화됐기 때문이다. 여성 경찰관이 늘어나고, 동시에 여성 지휘관의 수를 늘리는 게 필요한 이유다.

여성 경찰관이 늘면 치안에 문제가 생길 거라고 말하는 이들이 있다. 그렇지 않다. 표선영 가톨릭대 교수는 논문 〈경찰 내 성별 대표성 향상이 조직 역량을 약화시키는가? 미국의 여성 경찰관 비율과 범죄 해결률의 관계를 중심으로〉[2]에서 미국의 360개 경찰서 데이터를 이용해서 여성 경찰관의 비율과 범죄 해결률이 통계적으로 유의미한 관계가 없다는 걸 확인한다. 오히려 "대표관료제 이론에 의하면 경찰 조직 내 성별 대표성이 향상될수록 경찰이 여성 시민들의 치안수요를 적극적으로 반영할 수 있다"[3]라고 표 교수는 말한다.

또 경찰 조직 내에서 여성 경찰관이 충분히 채용될 때까지 친밀한 관계 내 폭력에 대한 인식이 재구성되어야 한다. 인식이 점차 나아지고 있지만, 여전히 가정폭력이나 교제폭력 신고에 대해선 일종의 '소동'이나 다투다가 일어난 '해프닝'처럼 여기는 분위기도 존재한다(물론 실제로 경미한 다툼인 경우도 있지만, 심각한 문제일지라도 신고를 철회하거나 처벌을 거부하는 경우가 많기 때문이다). 매뉴얼만 바꿔서 될 일이 아니다. 경찰 내부 문화의 개선과 여성 대상 폭력이나 성범죄에 대한 관점의 변화가 함께 가야 한다.

《오마이뉴스》가 살펴본 '교제살인' 판결문 108건 중 가해자가 살인 이전에 교제폭력으로 형사 입건된 경우는 19건[4]이었다. 아마 형사입건까지 가지 않은, 이번 금천구 교제살인에서의 112 신고 같은 '전조'는 훨씬 더 많았을 것이다. 법의 개정이 느려지고, 경찰이 빠르게 변하지 않으면, 우리는 '살릴 수 있는 기회'를 계속 눈앞에서 허무하게 날리게 될 것이다. 살아야만 하고, 살 수 있었던 여성들을 더 이상 놓치면 안 된다.

'돌보지 않는 사회'가 만든
저출생

'케겔 운동' '정자 분석기 무료 배포(대구광역시)' '정·난관 복원시술비 지원금 1억 원(서울시 추경 예산)' '여성 1년 조기 입학(한국조세재정연구원 보고서)'….

윤석열 정부 당시 지자체와 국책연구기관이 내놓은 저출생 대책 목록이다. 마치 동물의 생식을 위한 정책 같다. 케겔 운동으로 생식 능력을 늘리고, 정자의 질을 분석하고, 정관을 다시 복원하고, 여성을 일찍 입학시켜 초등학교 때부터 이성 간 매력을 느끼도록 유도하자는 것 아닌가.

"우리는 가축이 아니다" "여성이 애 낳는 기계냐"라는 말이 나올 수밖에 없는 황당 정책들이다.

저출생은 좀처럼 쉽게 풀리지 않는 매듭이다. 계층, 지역, 젠더 등 한국 사회의 온갖 문제가 얽히고설켜 있다. 단기성 정책으로 끌어올리는 것도 불가능해졌고, 출산을 어렵게 만드는 관습과 문화는 더 단단하게 굳어지고 있다. 그래서 정부나 정치권은 더더욱 저출생 문제에 집착한다.

아이가 있는 친구들을 보면 아이를 낳고 키우는 삶이 궁금하긴 하지만, 실제로 가족계획을 세워야겠다는 생각에는 이르지 못했다. 지금 사는 집이 두 사람만 겨우 살 수 있을 정도로 작다는 것은 차치하고라도, 배우자와 나의 경력을 일정 정도 포기해야 한다는 것, 라이프스타일의 변화를 감내해야 하는 것도 고민이다. 남성이 아무리 노력한다고 해도, 출산과 육아 등을 통해 육체적·정신적 압박을 더 느끼는 것이 여성이라는 점도 마음에 걸린다.

'아이 돌봄'은 전적으로 개인의 책임으로 전가되고, 상당한 돈과 시간이 투여된다. 특히 주 양육자로 여겨지는 여성에게 더 많은 부담을 지우고, 이들의 경쟁력을 약화시킨다. 내 주변에서도 주로 '아이 돌봄'을 잘할 조건에 있는 이들이 아이를 낳고 키운다. 자가를 소유한 중산층이나, 고용 안정성이 높은 직장에 다니는 덕에 그나마 '임출육(임신·출산·육아)'이 경력에 덜 영향을 주는 경우다. 나아가 한국 특유의 경쟁문화는 아이 키우는 일을 '일생의 중대 과제'처럼 만들었고, 그로 인한 비용 증가와 사회적 압박이 얼마나 큰지 사회 구성원 모두가 체감하고 있다. 아이를 낳고 키우는 데 점점 더 큰 용기가 필요해지고 있다.

생식 능력이나 이야기하는 저출생 대책을 보면 있던 용기도 사라진다. '그렇게 한다고 낳겠냐'는 오기마저 생길 판이다. 정부·지자체가 내는 대책에 나 같은 사람이 조금은 솔깃해져야 하는데, 이쯤 되면 어떤 기대도 접게 된다.

한국 사회는 청년들, 특히 여성들에게 애 낳으라고 요구하기만 할 뿐, 정작 그들의 노동 환경을 비롯해 사회적 불안이나 정신적 고통에는 큰 관심을 두지 않는다. 주변에 우울증 환자가 늘어나고 목숨을 끊고자 하는 이들까지 나오는 환경에서, 어떻게 아이가 많이 태어날 수 있을까.

한국 사회는 비뚤어져 있다. 이는 경제 수준이나 사회의 발전 정도와도 조금 다른 이야기다. 사람이 버티지를 못하게 한다. '네가 못한 것은 오직 네 탓'이라는 마인드가 사회에 팽배하다. 도와줘야 할 상황에서 민폐라고 욕을 하고, 돌봄이 필요한 사람에게 죽비를 내리치는 느낌이다.

'알빠노(내가 알 바 아니야)' '누칼협(누가 칼 들고 협박했냐)' 같은 말이 온라인에서 유행하게 된 것은 우연이 아닐 거다. 현시대를 상징하는 적확한 말이기 때문이다. 국제통화기금(IMF) 외환위기 이후 도래한 신자유주의 체제에서 각자도생을 일종의 생존 모델로 채택한 이후, 시민들은 한국이라는 공동체에 대한 믿음이 사라져 갔는지도 모른다. 지금 이곳에서 태어나 살아가는 이들조차 아프거나 경제적으로 무너지면 어디선가 도와줄 거라는 믿음이 없다.

서로가 서로를 돌보지 않는 세상이다 보니 불안이 심화된다. 내 아이를 낳고 키우는 것 역시 온전히 내 책임이 될 뿐이니, 리스크가 큰 행위가 된다. 사회가 발전하면서 돌봄의 절차나 항목은 늘어나는데, 돌봄을 공공화·사회화하는 시스템도 온전히 갖춰지지 못한 상태이다 보니 개인의 부담만 커지는 것이다.

저출생을 이야기하기 전에, 지금 이 땅에 사는 사람들이 누군가의 돌봄을 받으며, 또 누군가를 돌보기도 하며 단단한 토대를 만들어낼 수 있는 구조인지 살펴야 하지 않을까? 상호부조와 연대의 가치가 상실된 사회에서는 약자들부터 힘들어진다. 여성과 아이가 살기 어려워지니, 출산을 피하는 것은 당연한 일이 될 수밖에.

몇 년 전 영국 런던, 스코틀랜드 에든버러, 스페인 바르셀로나, 프랑스 파리를 다녀왔다. 공통적으로 느꼈던 것은 어딜 가나 자유롭게 돌아다니는 아이들과 반려견이 많았다는 점이다. 아이들이 시끄럽거나 작은 소란을 피워도 특별히 통제하지 않았고, 반려견들도 대중교통을 함께 타고 가게 등에 자유롭게 드나들었다. 한국에서는 보기 힘든 광경이었다. 그것이 한 사회가 약한 존재들을 돌보는 방식이라는 생각이 들었다.

반면 한국은 어떤가. 그렇게나 아이가 절실하다고 외치는 사회 분위기 속에서도, 정작 공공장소에서 아이가 울거나 떠들면 정색하고 부모와 아이를 욕한다. 카페나 식당에서도 '노키즈존'을 만들어 입장을 막는다. 이런 행위를 당연시하는 사회에서 무슨 공동체에 대한 믿음이 생기겠나. 더불어 아이를 키울 수 없다는 자괴감만 늘 뿐이다.

2017년 낙태죄 폐지 이전, 임신중단 합법화 시위에서 피켓에 적힌 한마디가 화제가 된 적이 있다. "니들이 별짓다 해봐라, 내가 애 낳나 진짬뽕 사 먹지.” 광고 패러디 문구였던 이 말이 시대정신처럼 느껴지기도 한다. 차라리 진짬뽕이라도 잘 먹으면 다행이라는 생각이 들 정도다. 일단은 아프지 않고, 버텨서, 살아남는 게 더 중요하니까. 새로운 아이의 탄생은 점점 줄어들고, 사람들의 얼굴에선 생기가 사라지는 사회에서 우리는 무엇을 꿈꿀 수 있을까.

'잠재적 가해자'는
그런 의미가 아니다

남초 커뮤니티 유저들은 '잠재적 가해자'라는 말에 치를 떤다. 실제 그 말이 어떻게 쓰이는가와 별개로 일종의 '남혐' 단어처럼 생각하는 듯하다. 그로 인해 불거진 사건이 한국양성평등교육진흥원(양평원)이 만든 '잠재적 가해자 시민적 의무'[5] 영상 논란이다. 2020년 2월 양평원 유튜브 〈젠더온〉에 올라온 해당 영상은, 2021년 4월 뒤늦게 언론이 부정적인 뉘앙스로 보도하면서 알려졌다.

사실 해당 영상의 내용에 대해 제대로 설명한 기사를

거의 찾지 못했다. 대부분 가십성으로 다뤘으니까. 캡처본이 아니라 영상을 제대로 봤다면 기사 쓰기가 민망했으리라 생각한다. 6분이 조금 넘는 이 영상의 가장 중요한 말은 이것이다.

"성인지 교육은 남성을 잠재적 가해자로 의심해서 행하는 교육이 아니다. 오히려 남성 스스로가 자신을 성폭력을 가하는 남성과는 다른 부류의 사람이라는 것을 증명하려는 노력을 통해 여성들과 평등하게 공존하는 방법을 배우고 시민적 의무를 기꺼이 실천할 수 있도록 돕는 교육이다."

요는 이렇다. 영상에 출연한 나임윤경 양평원 원장은 자신의 어머니가 중국동포를 가사도우미로 고용한 예를 든다. 그런데 어머니는 가사도우미분이 일당을 선지급해달라고 요구했다면서, "일을 시작하기도 전에 일당을 먼저 달라는 거야. 내가 어딜 봐서 일당 떼어먹게 생겼냐"라면서 불쾌감을 표했다고 한다. 그래서 나 원장은 "아주머니가 종일 일하시고도 일당을 제대로 받지 못한 경우가 많아서 그래요"라며 "어머니를 의심하며 일당을 먼저 달라고 해야 그 아주머니의 삶이 온전하게 유지될 확률이 높아요"

라고 설명했다. 한마디로 아주머니의 입장에서는 어머니를 '잠재적 가해자'처럼 의심하고 경계해야 생존확률이 높아진다는 것을 강조한 것이다. 기분의 문제보다는 생존의 문제가 더 중요하다면서 말이다.

한편 나 원장은 성인지 교육에서의 '잠재적 가해자'의 의미에 대해서도 설명한다. 한국 여성들은 "아빠 빼고 남자는 다 늑대야"라는 말을 듣고 자란다. 하지만 정작 사회에 나가서 남성을 의심하면 "왜 잠재적 가해자 취급하냐"면서 비난받고, 성폭력 피해를 당하면 오히려 "네가 조심했어야지" "꽃뱀 아니냐"는 말을 듣게 된다. 중국동포 가사도우미가 나 원장의 어머니에게 그랬던 것처럼, 여성들도 생존의 확률을 높이기 위한 남성들에 대해 의심과 경계를 할 수밖에 없다는 것이다.

당연히 남성들을 향한 여성들의 의심과 경계에 대한 해법 역시 어머니에게 했던 말과 비슷하다. 의심을 기분 나빠하기보다 '나쁜 남성'들과 다름을 증명하려고 노력하자는 제언이다. 너무나 상식적이고, 굉장히 부드러운 내용이다.

심지어 이 영상에서 나 원장은 자신의 어머니를 '잠재

적 가해자'로 지칭한다. 그리고 갑을관계는 항상 변하는 것이므로 누구나 잠재적 가해자가 될 수 있고, 을의 입장에서 상상하고 행동하자고 한다. 이것이 어떻게 남혐 영상인 양 기사화될 수 있을까? 나 원장은 과거의 피해 경험 때문에 타인을 잠재적 가해자로 인식하는 사람에게 기분 나쁘다고 화를 낼 게 아니라, '나는 믿어도 되는 사람입니다'라고 보여주려는 노력이 '시민적 의무'라고 영상 내내 강조한다.

몇 년 전 양평원에서 연 n번방 긴급 토론회를 나간 적이 있었다. 그때 나도 '잠재적 가해자'라는 말에 대한 질문을 받고 비슷한 답변을 했다.

"'잠재적 가해자'라는 말에 기분이 나쁠 수 있습니다. 그런데 n번방 가담자가 26만 명까지 추정된다는 이야기가 나옵니다. 그렇다면 (n번방 가담자는) 일상적으로도 볼 수 있고, 또 내 옆에도 있을 수 있는 존재들입니다. 어떻게 불안해하지 않거나 심각성을 안 느낄 수 있을까요? '잠재적 가해자'라는 말이 나왔을 때 내가 억울하다고, 기분 나쁘다고 생각할 게 아니라 그만큼 경각심을 갖고 '이 구조에 대해 충분하게 성찰하지 않으면 나도 공범이 될 수 있겠구나'

라고 생각해야 하지 않을까요? 남성들은 공적인 자리에서 "너 잠재적 가해자야"라는 말을 듣지 않습니다. 하지만 여성들은 지금도 실제로 디지털 성착취 피해를 입고 있습니다. 그걸 생각해주셨으면 좋겠습니다."

요즘에는 줄어든 것 같지만, 과거에는 치마 뒤를 가방으로 가리고 지하철 계단을 올라가는 이들만 봐도 불쾌감을 느낀다는 남성들이 있었다. '누가 보지도 않는데 왜 엿보는 사람 취급하냐'면서 말이다. 이렇듯 오랜 기간 남성들은 여성들의 삶을 끊임없이 위협하는 공포에 대해 전혀 이해를 못 해왔고, 페미니즘 리부트 이후에도 남성들은 '나는 아니야' '나는 억울해'로 일관할 뿐, 잘못된 남성문화를 자신이 묵인하거나 방조했다는 사실에는 시치미를 뚝 떼고 있다.

사실 '잠재적 가해자'는 구조적으로 가해를 저지를 수 있는 위치에 가기 쉬운 이들에게 성찰과 경각심을 요구하는 말에 가깝다. 한국에선 성폭력 범죄자의 95.02퍼센트 (2024년 기준, 경찰청 통계)[6]가 남성이다. 하지만 지금껏 남성 중심의 조직이나 공동체에선 성범죄를 방관하거나 감싸기에 급급했으며, 수사기관은 소극적, 법원은 온정적으로 다뤄왔다. 특히 디지털성범죄의 경우는 'n번방 성착취' 이전까지는 처벌 자체도 힘들었고, 처벌을 받게 만들더라도 대부분 솜방망이 처벌에 불과하지 않았나. 더불어 일상화된 성범죄에 대한 남성 주류의 문제의식 또한 현저히 떨어지다 보니, 누가 가해자가 되어도 이상하지 않은 상황이다. 이쯤 되면 남성이 성범죄자가 '되기 쉽도록' 만든 구조가 아닌가. 애초에 '잠재적'이라는 것이 개인의 품성이나 환경이 아닌 '구조'에 대한 언급인데, 이 말을 자꾸 개인이나 특정 집단에 대한 공격처럼 왜곡하는 것이 문제다.

해당 영상의 경우 여성의 공포를 남성이, 약자의 두려움을 강자가 이해할 수 있도록 설득하며, 동시에 '잠재적 가해자'라는 말에 대한 오해를 해소하려고 부단히 노력한 결과물이다. 이렇게나 상식적이고 대중적으로 성평등의 중요성을 설득하려는 이들에게까지 맹폭을 퍼붓는 상황을 방치한다면, 한국 사회는 그 어떤 진보도 이룰 수 없다.

"저는 술집 여자" 연설과
80년 광주 황금동 여성들

2024년 12월은 어떻게 지나갔는지도 모를 정도로 하루하루가 숨 가빴다. 12·3 비상계엄부터 탄핵소추안 가결까지, 11일간 매일 전국 곳곳에서 윤석열의 탄핵을 촉구하는 집회가 열렸다. 동시에 많은 시민들이 연단 위에 올라서 자신의 목소리를 내기도 했는데, 특히 부산 서면 시위에 등장한 한 여성 시민 A씨의 발언이 온라인상에 퍼지면서 많은 주목을 받았다.

"안녕하세요, 반갑습니다. 저는 저기 온천장에서 노래

방 도우미로 일하는, 소위 말하는 술집 여자입니다. '너처럼 무식한 게 나대서 뭐하냐' '사람들이 너 같은 사람의 목소리를 들어줄 것 같냐' 같은 말에 반박하고 싶어서, 또 많은 사람이 편견을 가지고 저를 경멸하거나 손가락질하실 것을 알고 있지만, 오늘 저는 민주 사회의 시민으로서 그 권리와 의무를 다하고자 이 자리에 용기 내어 올라왔습니다."[7]

탄핵 정국이 끝난 뒤에도 우리 주변의 소외된 시민들에게 관심을 가져달라는, 우경화의 흐름을 경계하고 막기 위해 노력해야 한다는 그의 말은 울림이 컸다. X에 올라온 발언 영상은 조회수가 520만 회가 넘었고, 언론 보도 등을 통해서도 그 내용이 널리 퍼져나갔다.

A씨는 《한겨레》 인터뷰[8]에서 직업을 밝힌 이유에 대해 "나도 시민이고 여러분 근처에 있고, (여러분과) 별반 다름없는 사람이라는 걸 전하고 싶었다"라며 "(다른 시민과) 거리감을 좁혀서 저도 이번 사태에 분노하고 민주사회의 똑같은 시민으로서 발언할 수 있다는 걸 알려드리려고 했다"라고 설명했다.

그의 말을 듣고 44년 전 '황금동 여성들'이 떠올랐다.

5·18 민주화운동 당시 계엄군과 맞서고 시민들을 도운 '황금동 콜박스' 거리 유흥업소에서 일하던 여성들은, 자신들도 헌혈할 수 있게 해달라며 "내 몸은 더럽지만 내 피는 깨끗해"라고 말했다고 한다. 황금동 여성들의 마음도 A씨의 마음과 비슷했을 것이다. 민주사회의 똑같은 시민이니까 함께 싸우고자 했던, 절실하고 절박한 마음.

황금동 여성들은 계엄군에게 짱돌을 던지고, 시민군에게 은신처를 제공하고, 금남로에 주먹밥 등 생필품을 보급하고, 시신들을 수습해서 염을 하는 등 조직적으로 항쟁했다고 전해진다. 그러나 안타깝게도 이들의 활약상에 대한 공식적인 기록은 남아 있지 않다. 5·18과 관련된 황금동 여성들의 직접 증언이 없기 때문이다. 유흥업소에 일했다는 이유로, 편견을 갖고 바라보는 사회의 분위기가 황금동 여성들이 공개적인 증언에 나서길 어렵게 만드는 배경이다.

그런 점에서 나는 A씨의 발언이 황금동 여성들에 대한 위로처럼 느껴졌다. 차별받고 천대받아왔던 소수자·약자들도 불의에 맞서 함께 싸워온 역사가 있었노라고, '우리'를 지키기 위해 투쟁했던 존재 하나하나가 결코 지워져서는 안 된다는 점을 일러준 것이니까. 그렇게 1980년 황금동 여성들의 용기가 탄핵 광장에서도 이어졌다.

실제 윤석열 탄핵 집회에 모인 얼굴들은 다양했다. 사회 안전망을 보장받지 못한 빈민, 장애인 이동권 시위를 하다가 지하철에서 끌려 나갔던 장애인, 여전히 극심한 차별을 경험하는 성소수자, 부당하게 해고당한 비정규직 노동자, 쌀값 폭락에 절망한 농민, 페미니스트라고 손가락질당하는 여성 등 소외당하고 억압받던 존재들이 광장에서 깃발이나 피켓 등으로 자신들의 존재를 드러냈다.

이들은 윤석열 정권이 노골적으로 차별하고 배제했던 존재들이기도 하다. 부자 감세를 하면서 서민 예산을 대폭 삭감했고, 건설노조 때리기를 비롯한 노동 탄압은 또 얼마나 극심했나. 극우 인사를 국가기관 곳곳에 포진시키고 인권 정책을 후퇴시키면서, 소수자에 대한 교묘한 '입틀막'이 정권 내내 이어졌다. 그러니 이들이야말로 '윤석열 탄핵'을 외치지 않을 수 없었던 것이다.

시민들은 우리가 살고 있는 공화국을 지키는 동시에 새로운 세상에 대한 열망을 품고 광장에 서 있었다. 윤석열이 탄핵당하고 죗값을 치르는 것은 물론 윤석열이 상징하는 모든 퇴행과 혐오와 작별한 세상, 나아가 탄핵 집회에 나온 시민들의 다양한 열망이 묻히거나 잊히지 않고 사회 시스템과 정책에 반영되는 그런 세상 말이다.

윤석열 탄핵 집회에서는 소수자·약자들의 존재감이 컸고, 이는 주최 측의 집회 진행에도 반영됐다. 몇몇 지역의 탄핵 집회는 평등 집회를 표방했고, 2024년 12월 14일 여의도 집회에서도 시작 전 "민주주의는 성별, 성적지향, 장애, 연령, 국적 등 서로 다른 사람이 배제되지 않고 안전하고 평등하게 참여할 수 있는 곳에서 가능하다" "사회적 소수자를 차별하거나 배제하는 말을 하지 않는다('평등하고 민주적인 집회를 위한 모두의 약속')"[9]는 내용의 약속문을 함께 읽었다. 시민들은 이미 '윤석열 탄핵, 그 너머'를 보고 있었다.

"저기 쿠팡에서는 노동자들이 죽어가고 있습니다. 파주 용주골에선 재개발의 명목으로 창녀들의 삶의 터전이 파괴당하고 있습니다. 동덕여대에서는 대학 민주주의가 위협을 받고 있고, 서울 지하철에는 여전히 장애인의 이동할 권리가 보장되고 있지 않으며, 여성들을 향한 데이트 폭력이, 성소수자들을 위한 차별금지법이, 이주 노동자의 아이들이 받는 차별이, 그리고 전라도를 향한 지역혐오가, 이 모든 것들이 해결되지 않는다면 우리의 민주주의는 여전히 완벽하지 못한 것입니다."[10](A씨의 발언 중)

A씨의 발언은 정권교체가 이뤄진 지금 시점에서 다시 되새겨야 할 말이다. 시민들이 야당 또는 야당 지도자만을 위해 계엄군과 싸우고, 추운 날 광장에서 목소리가 쉴 정도로 '윤석열 탄핵'을 외친 게 아닐 테니까. 윤석열을 몰아내는 것 이상의 근본적인 사회 변화가 필요하다고, 특히 윤석열 정권이 탄압했던 이들에 대한 회복과 안전망 설치가 이뤄져야 한다는 이야기다.

대를 위해서 소를 희생하거나, 이것부터 하고 저것은 나중에 하자는 말은 더 이상 시민들에게 통하지 않는다. 민주 정부에서도 그렇게 누군가의 삶이, 인권이 뒷전이 된 케이스를 우리는 너무나 많이 봐왔기 때문이다. 민주주의를 지킨 시민들의 존재를 하나하나 기억하고, 그들의 뜻을 한국 사회에 반영하기 위해서 무엇을 해야 할 것인지는 이전부터 소수자·약자들이 외쳤던 구호에 정답이 있다. 자본의 논리에 따라, 정치적인 계산에 따라 미뤄왔던 일들을 이재명 정부가 외면하지 않았으면 한다.

60대 남성 당대표였다면
어땠을까

기자의 특권 중 하나는 다양한 사람들과 연락하고 만날 수 있다는 점이다. 사회적으로 유명하거나, 존경의 대상이 되는 이들에게 취재 차 전화를 하거나 인터뷰 요청을 할 수 있고, 그러면서 적어도 "왜 연락했냐"는 이야기를 안 들을 수 있다. 하지만 이건 어디까지나 '특권'이다. 전문가의 의견이 필요할 때, 평소 연락 한 번 하지 않다가 갑작스럽게 전화를 걸거나 메시지를 남기는 경우는 언제나 부담스럽다. 예정에도 없던 기자의 전화를 받아서 질문을 받는 상황이 그의 평온을 깨뜨릴 수도 있다는 생각에, 또 업무를 방해할 수도 있다는 생각에 매번 자괴감이 든다. 많은 사람에게 전화를 걸어 "당신은 어떻게 생각하나요?"라고 자주 물어보긴 하지만, 개인적으로는 단 한 번도 그것이 무례하지 않은 일이라고 생각한 적은 없다.

물론 메일이나 메시지로 용건을 분명하게 말하고, 답변이 오길 기다릴 수 있다. 하지만 대부분의 언론사 기자들은 그렇게 여유가 있지 않고, 나 또한 그랬다. 시간이 없다는 핑계로 자꾸 대뜸 전화를 하게 된다. 그러니 상대방이 당황해하거나, '왜 전화했지?' 하는 느낌으로 '불-유쾌'한 반응을 보이는 것은 어쩔 수 없다. 가끔 신경질이나 화를 내는 사람들도 있지만, 어쨌거나 내가 타인의 시간에 갑작스럽게 침범했다는 점을 감안해서 그의 반응을 판단하곤 한다.

그런데 아예 '갑'이 되는 기자들도 있다. 공무원이나 정치인, 경제 권력 등을 잘 검증하고 견제하라는 의미로 주어진 지위를 남용한다. 불필요한 질문을 한다거나, 으름장을 놓기도 한다. 그러면서도 그것이 취재의 본질인 양 착각한다.

아무튼 나는 '쫄보'라서 여전히 전화하는 게 영 익숙지 않다. 그러면서도 반론이 필요해서, 신뢰감 있는 의견이 필요해서 전화를 건다. 그 사람이 전화를 안 받거나, 무례하게 굴거나 대뜸 반말을 할 가능성도 종종 염두에 둔다. 통화한 사람 중에는 우리 언론사를 깔보는 사람도 있었고, 소송을 암시하며 오히려 '역갑질'을 하는 사람도 있었다. 그럼에도 대부분에게선 무시당하지 않았다(물론 이것은 내가 남성이기 때문에, 우리 매체에 우호적인 사람들과 주로 연락했기 때문일 수도 있다). 남의 말을 빌려서 살아가는 것 치고는 과한 대접을 받고 있음이 분명하다.

한 기자가 2022년 당시 박지현 민주당 비대위원장에게 전화한 녹음 파일을 공개하며 "목소리에 거만함이 1톤 정도 들어 있었다. 어안이 벙벙해서 할 말을 잃고 그냥 전화 끊었다" "정치인으로서 기본 자세가 좀 문제가 있는 것 같다"라고 주장하는 걸 봤다. 그런데 녹음 파일을 들어 보니 박 위원장의 대응은 여느 정치인과 다름 없었다. 첫 통화에선 '업무용 폰이 아니다'라고 답변했고, 그다음 전화에선 '회의 들어가야 돼서 대변인을 통해 연락달라'는 말을 했을 뿐이다.

그가 묻고 싶었던 것은 '민주당·여성의당 커넥션 음모론'이라는 황당한 이야기였다. 박 위원장과 함께 일하는 한 직원이 여성의당에 잠깐 몸담은 것에 대해서 왜곡하는 전형적인 정치 프로파간다였다. 취재만 조금 해봐도 황당한 이야기라는 걸 알 수 있던 이야기였음에도 굳이 박 위원장에게 전화를 한 것이었다. 물론 답변을 못 받아서 기분 나쁠 수는 있다. 그러나 사실 그건 숱하게 벌어지는 일이고, 그럴 때 기자가 쓸 수 있는 문장은 "답변을 피했다"거나 "답변하지 않았다"이다.

전화를 하면 반말을 쓰거나, 그냥 끊어버리거나, 화를 내는 사람들이 있다. 그 사람들을 공개적으로 비난한 적은 없다. 그렇게 따지면 언급해야 할 사람이 너무 많아서다. 하물며 존댓말로 화조차 내지 않고 두 번이나 전화를 받은 이에게 "거만하다"는 것은 너무나 주관적인 평가가 아닐까. 문제는 그 평가로 인해 당시 박 위원장이 온라인상에서 매우 부당한 공격에 시달렸다는 점이다.

과연 60대 중년 남성 당 대표가 기자에게 저렇게 말했다면, "거만하다" "싸가지 없다" 등의 이야기가 나왔을까. 어떤 남성 정치인들은 기자 앞에서 반말도 자연스럽게 섞어 쓰는데 말이다. 어쩌면 '어린 여성'이 그 성별과 나이에 맞는 고분고분한 태도를 지니지 않았다는 점에 화가 난 게 아닐까. 박 위원장이 임시 당대표를 맡고 있었다는 사실을 철저히 망각한 채로. 정치인들 중에는 아예 기자 전화를 받지 않는 사람도 있다. 하물며 당의 대표 역할을 하는 사람이 기자들의 전화를 잘 받을 수 있을 리 만무하다.

기자에게는 물을 권리만 있는 것이 아니다. 자신에게 부여된 권한을 정당하게 써야 할 의무가 있다. 누구와도 전화할 수 있지만, 만날 수 있지만, 그 통화나 만남의 내용을 왜곡하거나 악용하지 않는 것은 아주 기본적인 윤리다. 본의 아니게 누리는 '특권'을 당연하다고 생각해서도 안 된다. 기자가 뭐 된다고.

남성의 몸은 '관대함'이라는
특권의 결과물

〈털 뽑고 유두 가리개까지 쓴다, 2030男 눈물겨운 여름나기〉[11]라는 제목의 《중앙일보》 기사가 화제가 된 적이 있었다. 제모를 하고 니플패치를 하는 남성들의 고충을 담아냈다는데 다음과 네이버 베스트댓글은 동일했다. "여자들은 평생 그러고 살았는데?"

사실 내용이야 새로운 경향을 담은 글이라 별 이상할 게 없었는데, 자극적인 제목이 되레 반발을 사게 만든 기사였다. 여성들은 다 하는 걸 새삼스럽게 '눈물 난다'고 하니 황당할 수밖에. 무엇보다 남성들이 제모를 하거나 니플패치를 부착하는 건 해도 그만, 안 해도 그만인 일이다. 반면 여성들에게 제모와 브래지어는 거의 필수에 가깝게 '강요'된다.

비교를 안 하려고 해도 안 할 수가 없다. 남성의 몸가짐과 복장에는 여성에 비해 압도적인 자유도가 보장된다. 애초에 기준이 낮다. 남성은 몸에 맞는 셔츠와 바지만 입어도 깔끔하다거나 괜찮다는 이야기를 듣는다. 심지어 넥타이 색만 예뻐도 패셔니스타 소리를 듣는 정치인도 있다. 반면 여성은 안경도 안 써야 하고, 머리카락도 잘 가꿔야 하며, 화장도 ootd에 맞게, 상하의의 재질과 색감, 그에 맞는 신발까지 신경 써야 한다. 어디 대단한 행사를 치르는 게 아니라, 통상적인 회사나 모임 등에서 여성들에게 이렇게 가꿔진 모습을 요구한다. 남들도 다 이 정도는 하기 때문에, 오히려 신경을 쓰지 않으면 '튀는 사람'이 된다.

끊임없이 외모를 '평가받는 위치'에 서게 된 여성들은 주변의 눈치를 보고, 자기검열에 시달린다. 반면 남성들은 자신만만하다. 사회적 압박이 덜하니 자신을 꾸며야 할 이유를 못 느낀다. 물론 멋져 보이고 싶은 욕망이야 없지 않겠지만 여성에겐 꾸밈이 필수인 반면에, 남성에겐 그렇지 않다. 세상살이가 바쁘고, 피곤하면 남성은 쉽게 꾸밈을 포기해도 괜찮다. 사회에서 남성을 평가하는 기준에는 얼굴이나 옷차림의 비중은 정말 크지 않기 때문이다.

남자들은 꾸밈 여부가 자신의 위치를 흔들지 않는다. 거의 잔소리를 듣지 않거나, 잔소리를 들어도 무시해도 괜찮다. 그리고 남성들에겐 '단정함'의 기준이 워낙 낮기 때문에 정말 최소한만 해주면 별다른 말을 듣지 않는다.

나 역시 특권을 누리고 산다. 사실 오래전부터 머리카락에 고민이 많았다. 머리가 자주 뜨고, 곱슬이기 때문이다. 이 문제를 해결하려면 머리카락에 스프레이나 왁스를 바르고 자신의 스타일을 만들어야 한다. 하지만 나는 몇 번 왁스를 발랐다가 실패하고, 그냥 주기적으로 머리카락을 자르고, 잘 감고, 잘 말리는 정도만 하고 있다. 실상 빗질도 열심히 안 하고 산다. 사진 속의 내 머리카락은 붕 떠 있거나, 너무 가라앉아 있거나, 종종 헝클어져 있다. 그래도 나에게 뭐라고 하는 사람이 없었고, 다들 괜찮다고 말한다. 아마 나보다 더 한 남자들도 많기 때문일 것이다.

몸가짐도 마찬가지다. 쩍벌 자세나 의자 등을 뒤로 제

치고 고개를 든 자세, 손가락질, 트림, 노상방뇨, 길거리 흡연 등. 이런 행동은 유독 남성들의 전유물이었다. 평가받지 않았기에, 눈치 보지 않아서다. 자신의 옷차림과 몸가짐에 대해 그들은 경계하지 않는다. 나이가 들고 권력이 생길수록 평가당할 수 있다는 생각을 못 한다.

윤석열을 대표하는 이미지인 '쩍벌' 역시 하루이틀 일이 아니었을 것이다. 그럼에도 그가 쩍벌이 문제라는 것을 인식하지 못한 이유는 눈치를 봐야 할 환경에 처해본 적이 없어서라고 추정한다. 그는 검찰 생활 대부분을 남성들 위주인 특수부에 있었고, 대중교통을 많이 타진 않았을 것이다. 그러므로 쩍벌은 그에게 흠이 되지 않았다. 공공장소에서 가랑이를 오므리지 못하는 것은 비만과 정력의 문제가 아니라 눈치의 문제다. 정확히 말하자면 눈치를 안 봐도 되는 권력의 문제다.

'여성성'이라는 이름으로 몸과 옷차림에 과도한 압박이 가해지는 여성들, 반면 '남성성'이라는 이름으로 몸과 옷차림에 대한 압박이 최소화되는 남성들의 대비는 길거리를 지나다니는 이성애 커플에서도 자주 볼 수 있다. 이 비대칭이 곧 권력의 존재를 의미한다. 동일한 위치와 환경에 있던(부부나 직장 동기 등)여성과 남성의 몸과 옷차림이 판이한 경우가 많다. 어떤 위치에서도 몸을 평가받는 자와, 어떤 위치에 있어도 몸을 평가할 수 있는 자의 차이다. 정확히 말하자면 몸에 대한 평가가 사회적 지위나 명예에 영향을 미치는가, 아닌가의 차이다.

이렇듯 남성의 자유분방한 옷차림과 몸가짐 등은 개인의 의지나 노력 여하, 성격의 문제라기보다는 구조적인 '관대함'에 기반해 있다. 여성에게는 주어지지 않는 '관대함'의 정체를 파악하고 고민하는 것이 "몸평 하지 마세요"라는 말보다 훨씬 진전된 논의를 만들 것이다.

다른 하나는 돌봄의 전가다. 윤석열 사례에서는 명확하게 드러나진 않았지만, 많은 중년 남성이 일에 있어선 유능하지만 실생활의 여러 문제에 대해선 무관심하고 무능한 경우가 많다. 돌봄을 모조리 아내가 전담했기 때문이다. 옷차림, 몸가짐 등도 역시 아내의 '돌봄 영역'에 속한다.

기혼 중년 남성이 옷을 깔끔하게 입으면 대체로 우리는 '아내가 잘 챙겨줬겠지'라고 생각하는 경우가 많고, 실제로 대부분의 경우 그렇다. 아내가 사준 옷을 아내가 코치한 대로 입는 경우가 다반사다. 자기 손으로 일상을 제대로 꾸리지 못하고, 누군가의 손을 빌리는 데 더 익숙하다. 아마 유명 정치인, 기업가 등 권력의 중추에 있는 남성들이 평생을 그렇게 살아왔을 것이다. '돌봄받는' 것은 그들에게 자연스러운 일이고, 그러니까 누군가를 드러나지 않게 '돌봄하는' 일의 중요성에 대해서도 쉽게 체감하지 못할 것이다.

예능 프로그램에서 남성의 정돈되지 않은 삶을 '귀엽게' 그려내는 것이 위험한 이유는, 남성을 여전히 돌봄의 주체가 아니라 돌봄받아야 될 대상으로 상정하는 인식을 고착화하기 때문이다. 남성이 남의 어떠한 도움을 받지 않고 한 개인으로 설 수 있어야만, 타인을 위한 돌봄(육아 등)을 수행할 수 있고, 사회적으로 돌봄에 필요한 시스템을 만드는 데도 관심을 두게 된다. 여성보다 꽤나 큰 자유를 허용받았음에도, 그 관대한 기준마저 충족시키지 못한 채로 여성의 돌봄을 받아야 되는 '덜 자란' 남성성은 이제 폐기해야 되지 않을까.

여성들에게 온갖 코르셋을 씌우고 얼평·몸평 하는 남성들이, 실제로는 스스로를 제대로 돌보지 못하고 있다는 점이 우리 사회의 여전한 성불평등을 말해준다. 너무나도 자유분방하거나, 여성의 돌봄을 한껏 받은 몸들에서 나도 예외는 아닐 것이다. 남성의 몸에 주어진 특권의 크기와, 여성의 몸에 미치는 부당함의 크기가 비례한다는 사실을 언제쯤 우리 사회가 깨달을 수 있을까.

말할수록 자유로워지는 건
남성뿐

과거 논란이 된 책 탁현민의 《말할수록 자유로워지다》는 2000년대 초반부터 페미니즘 리부트 이전까지 남자들이 공유하던 '성 담론'의 수준을 보여준다. '섹스를 자유롭게 말하는 것'이 성적 억압을 탈출하는 '성 해방'이라는 것이다.

그런데 이들의 섹스 이야기는 오로지 남성의 욕망에 대한 내용으로 가득 차 있다. 내가 섹스하고 싶은 사람, 내가 원하는 여성의 몸매, 내가 원하는 판타지 등. 그 당시 '성

해방'을 부르짖던 남성들이 이야기하는 섹스에는 상대방의 의사나 욕망이 부재했다. 이들은 자신의 섹스 경험과 욕구를 줄줄이 늘어놓으며 껄껄댔고, 그게 '쿨'한 거라며 서로를 치켜세우는 수준에 불과했다. 한마디로 자기도취적 행위였다.

문제는 당시의 남성 편향적인 섹스 담론이, 남성이 여성을 대하는 방식에도 영향을 미쳤다는 점이다. 보다 노골적이고, 대담하게 섹스를 요구하고, 거절하면 '쿨하지 못하다'고 압박할 수 있었다. 2005년도 영화 〈연애의 목적〉은 당시의 분위기를 잘 반영하고 있다. 교사인 남자 주인공이 교생인 여자 주인공에게 성희롱을 하고, 위계에 의한 성폭행을 저지르는 일을 '가식 없고 솔직한' '귀여운' 상황처럼 읽히게 만들었다(영화의 제목이 무려 '연애의 목적'이다).

임신의 위험 때문이라도 이성애 섹스는 불평등할 수밖에 없다. 그런데 당시의 남성들은 '평등'과 '자유'를 표방하면서 오히려 '불평등'을 심화시켰다. '콘돔의 사용은 섹스에 대한 진정성을 의심하게 만들기 충분하다'[12]는 말이 이 책을 통해 나왔다는 사실은, '프리 섹스'와 '성 해방'을 말하는 이들의 진심이 그저 "많은 여자와 섹스를 하고 싶다”였다는 점을 짐작하게 한다.

이러한 분위기 속에서 여성들 역시 쿨해져야 한다는 압박을 느끼면서 성적 욕망에 관해 이야기해야만 했다. 하지만 애초에 판이 잘못 깔렸다. ‘남성을 불편하게 하지 않는’ ‘남성의 언어를 베껴서 욕망을 이야기하는 것’만이 호응을 얻었고, 심지어 그것은 일종의 도발이나 섹스어필처럼 소비되기까지 했다. 말할수록 자유로워지는 건 남성뿐이었다.

성적 대상화는 남성이 여성에게 가하는 아주 일상화된 형태의 폭력이다. 남성과 동등하지 않은, ‘주체’가 아닌 ‘타자’ ‘부수적 존재’로 여성을 전락시키는 오래된 관습이자 권력의 형태에 가깝다. 남성이 여성의 몸을 평가할 때, 성희롱에 가까운 유머를 던질 때, 이러한 구조는 더욱 공고해진다.

또한 남성들의 성적대상화는 공적인 집단에서 구조적으로 이뤄지면서, 여성을 배제하고 차별하는 행위 그 자체가 집단의 ‘지배 체계’가 되는 경우가 많다. 이들은 조직이나 집단 내에서 ‘힘’을 갖고 있기 때문이다. 직장에서 여성 직원들을 동료가 아닌 ‘여성’으로 보는 시선이 당연시될 때, 그래서 나이 든 상사가 어린 여자 직원을 '성적인 대상'으로 여기는 게 가능할 때, 이러한 분위기가 구성원들에 의해 묵인될 때, 직장 내 성폭력과 뒤이은 2차 가해가 일어난다. 이처럼 남성이 여성의 몸을 평가하는 문화가 사회적으로 어떤 폭력과 차별로 이어지는지 우리는 이미 숱하게 경험해왔다.

2021년 한 카드사의 대표이사가 최소 15명이 모인 임원회의에서 "룸살롱에 가거나 어디 갈 때 목표는 딱 하나야. 예쁜 여자야. 예쁜 여자는 단가가 있어요. 오늘 갔을 때 옆에 앉으면 20만 원 (…) 카드를 고르는 일이라는 것은 애인이 아니라 와이프를 고르는 일이거든"[13]이라고 말한 사실이 드러났다. 임원 회의에서 '룸살롱' 이야기가 나올 만큼, 많은 남성에게 성욕을 드러내고 여성을 성적으로 평가하는 것은 공적으로 허용되어온, '주류문화'다.

반면 여성들은 공적인 공간에서 남성들을 성적으로 평가하기 굉장히 어렵고, 당연히 이를 통한 '억압과 배제'를 할 가능성이 희박하다. 젠더권력이 작동하고 있기 때문이다. 요즘에는 여성들도 속칭 '섹드립'을 치거나 남성들을 성적대상화 한다고 말하며 '성적대상화는 다 나쁘다'고 이야기하는 것은, 남성의 성적 언동과 여성의 성적 언동의 양태 및 효과의 차이를 고의적으로 무시하는 것에 불과하다.

2019년 서울교대에선 남자 재학생들이 새내기 여학생들의 사진과 개인정보가 담긴 신입생 소개자료를 만들어서 졸업생들에게 전달하고, '남자대면식' 행사에서 재학생들이 좋아하는 여학생들을 스케치북에 적게 해 외모를 평가하는 관습이 이어져왔다는 폭로가 있었다. 이 사건을 보고 놀랐던 점은, 여초집단에서조차 '남성'임을 승인받기 위해 여성을 도구화하고 희롱하는 문화가 이어져왔다는 점이다. 이렇듯 친구와 동료를 성희롱하며 친분을 쌓고, 남성 지배 구조를 유지하는 데 일조해온 수많은 남성이 건재하다는 사실은 왜 쉽게 잊힐까.

나는 남성들이 그동안 성에 대해 너무 많은 이야기를 해왔다고 생각한다. 그것이 남성중심적인 성 관념을 강화하고 또 재생산했으며, 동시에 여성에게는 억압이 됐음은 두말 할 필요가 없다. 특히나 기존 예술작품에서 빈번하게 등장했던 남성들의 '판타지적 욕망'은 참기 힘들 정도다.

남성들이 섹스에 관한 이야기나, 자신의 성적 욕망에 대해 드러내지 못할 이유는 없다. 다만 '회고적 성찰'을 통해 달라지는 게 있어야 한다. 이전처럼 쉽게 성적 농담을 던져서도, 제멋대로 여성의 몸에 대해 묘사하거나 평가해서도 안 된다. 여성혐오적 요소가 있는 관습적인 표현도 지양해야 한다. 더 신중하고 섬세해져야 하기 때문에 쉽지 않다.

지금 시대에서 페미니즘에 대한 어떠한 고민 없이, 남성이 성에 대해 이야기한다는 것은 아무 의미가 없거나 불쾌할 이야기일 가능성이 높다. 10년 전으로 돌아가고 싶다고, 억울하다고 말할 게 아니라, 남성들이 지금껏 자신의 성에 대해 과시욕과 지배욕 이외에 무엇을 말해왔는지부터 되돌아보길 바란다.

위문편지는
왜 '어린 여성'의 몫이 되어야 했나

위문은 말 그대로 '위로하기 위해 안부를 묻는 것'이다. 한국에선 특히 군인들을 위한 위문행사가 많다. 군인은 공공을 위해 궂은일을 하며 헌신하고 희생하는 이들이기 때문에 위문이 필요하다고 보는 것이다. 문제는 누가 군인들에 대한 위문을 하느냐는 점이다. 위문공연의 경우 출연진의 상당수는 여자 솔로 가수나 걸그룹이며, 남자 가수는 소수에 불과하다. 어쨌든 이름을 알릴 수 있고, 반응이 좋다는 점에서 여성 가수들은 꾸준히 출연하고 있다고 한다. 하지만 뒷맛은 개운치 않다. 국방부(국방TV)가 직접 나서서, 남성들끼리 모인 집단이니 젊은 여성 가수들을 보면서 위로를 받고 사기를 진작하라는 것처럼 여겨지기 때문이다.

2022년 1월, A여고 학생들이 보낸 위문편지 일부에 군인을 조롱하는 내용이 담겨 있다는 사실이 알려져 논란이 된 바 있다. 이 사건에선 무엇보다 학교에서 봉사활동 명목으로 '위문편지'를 쓰게 했다는 사실에 놀랐다. 과거에는 여자 중고등학생이 위문편지를 쓰면 성희롱에 가까운 답변을 받거나, 학교나 집에 찾아오는 경우도 있었다고 한다. 그래서 지금도 학교 측에서는 신상정보를 쓰지 말라고 당부한단다. 즉 이것은 위문편지를 보내는 학교나, 군대 모두 '여자 고등학생의 위문편지'라는 것이 어떤 함의를 지니는지 짐작하고 있었다는 것이다. 정작 실제 병사들에게는 물어보지도 않고, 잠재적인 성적 대상으로 삼고 있는 어린 여성이 편지를 보낸다면 병사들이 위로받을 것이라고 판단한 셈이다.

나는 실제 병사들이 위문편지를 원하지 않을 거라고 생각한다. 과거와 같이 전화도 할 수 없는 열악한 상황에서는 편지 하나하나가 중요하다. 하지만 핸드폰을 쓸 수 있는 상황에서 모르는 사람의 영혼 없는 편지 같은 건 중요하지 않게 된다. 군인에게 가장 중요한 것은 군대 밖과의 '연결'인데, 답장도 못 하고 쓴 사람도 알 수 없는 편지가 무슨 가치가 있겠는가.

한국의 징병제가 남성에게 주는 가장 큰 고통은 자신이 속해 있던 사회와의 단절이다. 그들을 위로해주는 것은 내가 여전히 어느 사회 집단의 일원이라는 사실과, 그것을 증명해주는 주변 사람들과의 연락과 휴가를 통한 만남이다. 나 역시 군대 시절 부끄러울 정도로 친구들에게 콜렉트 콜로 전화를 많이 했는데, 힘든 환경 속에서 '나'라는 존재를 인정받을 길이 그것밖에는 없었기 때문이었다. 그 단절을 해소해주려는 노력은 안 하면서, 아무 의미도 없는 여자 고등학생들의 위문편지는 '좋아할 것'이라고 지레짐작하는 이들이 징그럽다는 생각도 들었다.

결국 이같은 논란은 기성세대가 만든 강압적이고 기이한 구조에서 비롯됐다. 보내는 대상이 분명하지 않은 데다가 강요받은 편지이다 보니까 반발심을 갖고 편지를 쓰는 학생이 나오는 게 이상한 일이 아니다. 군인 역시 이런 편지를 받으면 즉자적으로 화가 날 수밖에 없다. 왜 이런 편지가 오게 됐는지 군인 개인은 사정을 파악하기 어렵기 때문이다. 아마 공개되지 않았을 뿐, 비슷한 사례가 꽤나 많을 것으로 추측된다.

그런데 해당 편지가 남초 커뮤니티에 공유되며 온갖 욕설과 성희롱, 신상털이에 대한 위협이 난무할 때 정작 책임을 져야 할 A여고나 국방부(군부대)는 나 몰라라 하고 있었다. 이 편지가 논란의 대상이 된 것은 2022년 1월 11일이었는데, 1월 12일 A여고는 "위문편지 중 일부의 부적절한 표현으로 (위문편지 쓰기)행사의 본래 취지와 의미가 심하게 왜곡된 점을 매우 유감스럽게 생각한다 (…) 향후 어떠한 행사에서도 국군 장병에 대한 감사와 통일 안보의 중요성 인식이라는 본래의 취지와 목적이 훼손되지 않도록 세심한 주의를 기울이겠다"[14]라는 입장문을 냈다.

A여고 학생들에 대한 집단 사이버불링이 일어나고, 어느 학원 원장이 A여고 학생을 학원에서 쫓아낸다는 등 실질적인 피해와 낙인이 예상되는 상황에서, 학교는 학생들을 어떻게 보호할지 입장을 내놓아야 했다. 하지만 실제로는 '국군 장병에 대한 감사'와 같은 말이나 늘어놓고 있

었다.

언론 보도에 따르면 국방부도 무책임한 태도를 보였다. 국방부는 "학교와의 교류 여부는 각 부대에서 개별적으로 하는 것, 국방부 자체에서 공식적으로 하는 건 없다"[15]라고 했는데, 적어도 이번 사건을 접했으면 여자 중고등학교를 통해 위문편지를 받는 행태가 다른 부대에도 남아 있는지 조사하고, 위문편지를 없애는 조치를 내려야 했다. 하지만 그저 하나의 해프닝으로 생각한다는 인상을 받는다.

사실 '위문편지 사건'으로 가장 정신을 차려야 하는 건 국방부다. 군인이 대체 왜 위문의 대상이 되어야 하는지부터 고민이 필요하다. 여전히 군인은 징병제에 희생당하는 존재, 그래서 전 사회적으로 위로와 응원이 필요한 존재라는 걸 전제한다. 하지만 군인에게 당장 필요한 것은 누군지도 모르는 이들의 위로가 아닌 노동에 대한 대가, 더 많은 기본권 보장, 그리고 사회와 연결되어 있다는 감각 등이다. 지금 상황은 정작 군인들이 원하는 것은 해주지 못하는 국가가, '어쩔 수 없지 않냐'는 식으로 자신들의 책무를 외주화하는 것이나 다름 없다. 젊은 여성들의 '위문'이라는 형식을 통해.

다행히 '여자고등학교 군 위문편지 금지' 국민청원이 있었고, 이에 대해 청와대가 "이번 사안을 통해 변화를 반영하지 못하고 관행적으로 이뤄지고 있는 제도 운영이 여전히 남아 있고 꾸준한 점검이 필요하다는 사실을 확인하게 됐다"[16]라고 답변했다. 하지만 문제의 근본은 바뀌지 않았다. 남성은 나라를 지키는 데 헌신하고, 여성은 그런 남성을 위로하고 응원하는 '도구'로 쓰이는 국가주의적 젠더 체계에 대해 아무런 의심도 하지 않는 기성세대 남성들이 여전히 존재한다. 중요한 건 그들이 신봉하는 젠더 체계는 너무나 남성중심적이면서 동시에 남성을 소외시키며, 여성은 자연스럽게 부수적 존재로 전락시킨다는 사실이다.

젠더 갈등이라는 이름의 백래시가 오직 20대 남성의 '공격적인 반페미니즘' 탓만은 아닐 것이다. 아직도 '남자 어른들'이 고개를 꼿꼿이 쳐들고 성역할 고정관념·성차별에 기반한 관성과 시스템의 '수호신'으로 버티고 있다는 것을 기억해야 한다.

집게손이 '남혐'이라는
황당한 음모론

가수 임영웅 씨에 대한 희한한 논란이 하나 있었다. 그가 유튜브에서 앞으로 출연할 프로그램에 기대감을 드러내며 "저도 좀 몸이 근질근질하고 마음이 드릉드릉합니다"라고 한 말이 문제가 된 것이다. '드릉드릉'이 남성혐오 표현이라는 지적 때문이었다. '드릉드릉'은 코 고는 소리 등을 나타내는 의성어로 쓰였지만, 최근 커뮤니티 등에서는 '안달 나다'는 뜻으로 쓰인다.

국가인권위원회는 혐오표현을 '어떤 개인·집단에 대

하여 그들이 사회적 소수자로서의 속성을 가졌다는 이유로 그들을 차별·혐오하거나 차별·적의·폭력을 선동하는 표현'[17]이라고 규정하고 있다. '맘충' '짱깨' '김치녀' '깜둥이' 등이 대표적인 혐오표현이라 할 수 있다. 인권위 정의에 따르자면 '드릉드릉'은 혐오표현으로서의 성격이 존재하지 않는다. 특정한 남성 집단을 차별하거나 적의를 선동하려는 의도가 없기 때문이다.

문제는 '드릉드릉'뿐만 아니라 '오조오억(많은 수량을 뜻함)' '허버허버(허겁지겁 먹을 때)' '웅앵웅(웅얼거린다)' 등도 남성혐오표현으로 지목되고 있다는 점이다. 이 역시 단어 자체에 남성을 비하하는 뜻이 담겨 있지 않은데도 말이다. 그렇다면 이런 표현들이 왜 남혐 단어로 취급받게 된 것일까. 소위 여초 커뮤니티에서 많이 사용되는 표현이었기 때문이다. 하지만 남초 커뮤니티를 중심으로 이러한 표현 자체가 남성혐오 성격을 띠고 있다는 주장이 이어지면서, '오조오억'이나 '웅앵웅'을 사용한 여자 연예인들이나 유튜버들이 비난받고 사과한 사례가 있었다. 이는 결과적으로 혐오가 아닌 것이 혐오처럼 승인되는 상황을 만들었다.

임영웅 씨의 '드릉드릉' 논란은 해프닝으로 끝났다.

일부 누리꾼들이 악플을 남겼지만, 임영웅 씨가 남성인데다 팬덤인 '영웅시대'까지 나서면서 논란이 잦아들어서다. '드릉드릉'이 정말 남성에 대한 모욕이나 조롱의 의도를 담은 말이라면 비난을 피하기 어려웠을 것이다. 그러나 특정 집단에 의해 자의적으로 규정된 혐오표현이기에, 여성 연예인이 쓰면 남성혐오자가 되고, 팬층이 두터운 남성 연예인이 쓰면 '그러려니'가 되는 것이다.

이 밖에 또 하나의 '혐오 없는 혐오표현'이 된 것이 '집게손'이다. 이는 2015년 메갈리아 사이트의 로고가 남성의 작은 성기를 상징하는 집게손 모양이었던 것에서 비롯됐다. 메갈리아는 여성혐오적 언행이 주를 이루던 일베를 미러링하는 측면이 있던 사이트였으므로, 남성을 조롱하는 이와 같은 로고를 사용한 것이다. 메갈리아가 폐쇄(2016년 활동 중지)된 지 한참 지난 2021년에 GS25 포스터에 남성혐오를 의도하는 집게손을 숨겨놓았다는 의혹이 제기되면서 집게손은 갑자기 혐오표현이 되어버렸다.

2024년 6월에는 르노코리아의 유튜브 채널인 〈르노 인사이드〉에 올린 신차 '뉴 르노 그랑 콜레올스' 홍보 영상에서, 여성 직원이 집게손 모양의 동작을 한 것이 큰 파장을 불러일으켰다. 남성 비하의 의도로 그러한 손 모양을 한 것 아니냐는 비난이 들끓었던 것이다.

해당 직원은 "저는 특정 손 모양이 문제가 되는 혐오의 행동이라는 것을 알고 있었지만, 정작 제가 제작한 영상에서 표현한 손 모양이 그러한 의미로 해석될 수 있다는 것을 미처 인식하지 못했습니다"라며 "직접 제 얼굴이 그대로 노출되는 영상 콘텐츠의 특성상 문제가 될 수 있는 어떤 행동을 의도를 가지고 한다는 것은 저 스스로도 상상하기 어렵습니다"라고 해명했다.

하지만 이 해명문은 '스스로 혐오표현인 걸 시인했다'는 식으로 오독됐다. 해명문은 여론을 잠재우지 못했고, 르노코리아는 해당 여성 직원에 대해 '직무 수행 금지 조치'를 단행했으며, 앞으로도 조사위원회를 통해 사실관계를 파악해 후속 조치를 마련할 것[18]이라고 밝혔다. 그럼에도 여전히 남초 커뮤니티에서는 해고 요구가 빗발쳤다.

볼보 코리아 사내 홍보물에도 여성의 '집게손' 포즈가 있어서 논란이 됐는데, 이 사건의 진실은 역설적으로 집게손이 얼마나 흔한 제스처인지 보여준다. 이 홍보물의 일러스트 출처는 이미지 판매 사이트 '셔터스톡'에 한 인도네시아 디자이너가 올린 그림이었다.[19] 서울 용산 전쟁기념관 포토월에 집게손이 있어 남성을 조롱한다는 주장에, 전쟁기념관 측이 사과하고 해당 이미지를 철거한 것도 비슷한 사례[20]였다. 사실 포토월의 해당 부분은 메갈리아가 만들어지기도 전인 2013년에 설치된 것이었다.

2023년 11월에는 '스튜디오 뿌리'가 만든 넥슨의 게임 〈메이플스토리〉의 캐릭터 엔젤릭버스터의 리마스터 패치 홍보 영상에서도 집게손 논란이 일어났다. 남초 커뮤니티에서는 과거에 페미니즘 지지 트윗을 쓴 여성 일러스트레이터가 고의로 집게손을 넣었다고 주장했다. 하지만 그 주장이 무색하게도 정작 문제의 부분은 남성 일러스트레이터가 그렸던 것[21]으로 밝혀졌다.

그 과정에서 여성 일러스트레이터는 실명과 사진이 온라인에 공개되어 비난받는 등 큰 정신적 피해를 입었다. 당시에도 르노코리아 사건처럼 '이번 건은 다르다(고의적이다)'는 반응이 나왔지만, 결과적으로 음모론에 불과한 것이었다.

〈닷페이스〉의 영상 '이 손가락이 그렇게 불편하세요'[22]에 따르면 2021년 GS25 집게손 논란 이후 무신사, 서울경찰청, 카카오뱅크, BBQ, 평택시, 스타벅스RTD 등 수많은 공공기관과 기업이 홍보물에 집게손 모양이 있었다는 이유로 모두 사과했다고 한다.

커뮤니티의 음모론적 주장과 이러한 여론에 힘을 실어주는 일부 정치인, 그들의 주장을 검증 없이 기사화하는 언론이 일차적인 문제다. 하지만 사실관계를 따져보지 않고 일단 '불쾌감을 드렸으니 죄송하다'며 사과하는 공공기관과 회사 역시 해악이 크다. 그들의 주장을 사회적으로 승인하고 힘을 실어주는 역할을 하기 때문이다.

페미니스트들이 남성을 조롱하기 위해 포스터나 영상 등에 집게손을 넣고 있다는 음모론을 우리 사회가 '정당한 주장'인 양 받아주면서, 졸지에 '혐오 없는 혐오표현'이 탄생했다. 이로 인해 수많은 콘텐츠 제작자, 특히 여성 노동자들의 고통만 커지고 있다.

'드릉드릉'과 집게손에 대한 비난은 근본적으로 '페미니스트 사냥'이라는 프레임 안에 있다. 페미니스트들의 '남성혐오'를 근절해야 하므로 남초 커뮤니티가 규정한 '남혐단어'를 사용하는 이들을 규탄하고 집게손을 찾아내자는 움직임인 것이다.

두산백과에 따르면 페미니즘은 '성차별과 불평등에 근거한 착취와 억압을 종식시키려는 이론·사상·신념·분석 모형·교육·운동 등을 포괄하는 용어'[23]다. 실제로 많은 페미니스트가 성평등한 세상을 위해 목소리를 높이고 있다. 하지만 집게손이 남성혐오표현이라고 주장하는 이들의 생각은 다르다. 이들에게 페미니즘은 여성우월주의, 혹은 남성을 모욕하고 비하하는 것이다.

2015년 이후 온라인 페미니즘이 확산하면서, 페미니스트 사이에서 나오는 공격적인 언행이 비판의 대상이 됐다. 이 과정에서 정치권이나 안티 페미니즘 진영에 의해, 극히 소수가 활동하던 '워마드'가 페미니스트의 상징이자 대표인 양 부각됐다. '남자 일베=여자 워마드' 공식이 성립되고, 나아가 '일베=워마드=페미니스트'라는 황당한 도식화가 이뤄졌다. 성차별과 가부장제의 폐해에 저항하는 페미니스트들이 황당하게도 '남성을 공격하는' '반사회적인' 존재인 양 여겨지며 비난받게 된 것이다.

이런 왜곡된 인식은 페미니스트들이 페미니즘을 상징하는 집게손 모양을 몰래 사진이나 영상 속에 숨겨놓고 세상을 조롱하는 것이 아니냐는 의심으로 이어졌다. 마치 일베가 수많은 사진 속에 몰래 일베 마크를 숨겨놓았듯 말이다. 그러나 페미니스트들은 일베 유저들처럼 하나의 커뮤니티를 중심으로 움직이지도 않고, 애초에 그 로고를 페미니즘의 상징처럼 여긴 적도 없다.

'드릉드릉'과 '집게손'은 남성혐오가 아니라, 정반대로 여성들이 말하고 행동하지 못하게 만드는 도구로 악용되고 있다. 손 모양마저도 마음대로 하지 못하고, 인터넷에서 유행하는 단어 하나하나를 조심스럽게 쓰도록 만드는 재갈과도 같다.

'페미니즘 사상 검증'이라는 마녀사냥을 멈추는 방법은 한 가지다. 그것을 우리 사회가 헛소리로 치부하고 무시하는 것이다. 2023년 11월 연예기획사 안테나가 운영하는 유튜브 채널 〈뜬뜬〉의 웹 예능 '핑계고' 영상이 논란이 됐다. 게스트로 출연한 박보영 씨가 '유모차'라고 말한 것을 자막에서 '유아차'로 썼기 때문이다. 영상에 '싫어요'와 악플이 달렸고 '작가 중 페미를 색출하라'는 요구까지 빗발쳤지만, 안테나는 이를 무시했다. 그리고 놀랍게도 논란은 곧 잠잠해졌다. 국립국어원에서도 (육아의 주체가 여성만은 아니므로) 유모차를 유아차로 대체할 것을 권장하고 있는 상황에서, 안테나 측에선 부당한 공격을 받아줄 이유가 없었던 것이다.

우리 사회는 기로에 서 있다. '남성혐오'라는 음모론을 내세우면서 사이버테러와 불매를 이야기하는 이들에게 계속 끌려다닐 것인가. 아니면 단호하게 무시할 것인가. 이 지독한 마녀사냥을 끊어내기 위해선 '남성혐오 논란'의 실체는 '페미니스트 사냥'이라는 것을 명확하게 규정하는 일이 선행되어야 할 것이다.

'국방부의 시계'가
해결해주지 않는 것

넷플릭스 드라마 〈D.P.〉의 조석봉 일병(조현철)을 보고 가장 먼저 떠오른 말은 '단절'이었다. 조석봉은 유도 선수 출신에, 꽤나 능력 있는 미술 학원 선생이었다. 군대에 오기 전에는 큰 문제 없이 사회생활을 했던 '호감형 인물'에 가까웠다. 그러던 그가 군대에서는 구타와 고문을 당한다.

조석봉이 유독 괴롭힘을 당하는 이유는 극중에서 뚜렷하게 제시되지 않는다(그가 일본 애니메이션을 좋아하는 오타쿠라는 설정이 있지만, 이는 괴롭힘의 직접적 원인이 되긴 어렵다).

201

물론 이는 〈D.P.〉가 '피해자가 당할 만해서 당했다'는 인식을 주지 않기 위함이기도 하지만, 실제로도 그렇다. 가해자는 '그래도 되는 줄 알아서' 때리고, 피해자는 어찌할 수 없어서 맞는다. 군대 내 폭력뿐만 아니라 가정폭력, 권력형 성폭력, 장애인 시설 학대 등 외부와 단절되거나, 빠져나오기 어려운 구조에서 일어나는 폭력의 형태는 대체로 비슷한 양상을 띠고 있다.

군대는 사회의 논리가 통용되지 않는다. 우리는 군대에서 전역을 할 때 '사회로 복귀한다'고 말한다. 그러니까 군대는 사회가 아니거나, 사회와 완전히 동떨어진 곳임을 뜻한다. 그래서 군대의 독특한 구조와 논리가 있고, 그것에 순응하고 적응하는 게 중요하게 여겨질 수밖에 없다. 사회에서의 '나'는 완전히 가치를 잃고, 군대 내의 기준에 의해 재평가받게 된다.

각자 다른 모습으로, 다른 생각을 갖고, 다른 능력을 키워온 사람들이 일률적인 기준으로 평가받는다. 군대의 특성상 '사교적인' '신체 능력이 좋은(순발력, 빠름 등)' '표준에 가까운 남성성'을 갖고 있는 이들이 선호된다. 신체적으로 약하고, 소심한 성격을 갖거나, 특이해 보이는 이들은

'전투와 공동생활에 적합하지 않은 것'으로 간주되고, 문제시된다. 입대 직전까지 함께 어울려 살던 친구이나 동료였던 이들이 계급으로, 그리고 '비-사회'에 어울리는 인간인지로 구별된다.

이렇듯 군대는 불공정하고 불합리한 평가와 이를 정당화하는 구조를, '전투를 준비하는 인력이 모이는 곳'이라는 이유만으로 아주 오랜 기간 유지해왔다. 물론 여기에는 한 가지 전제 조건이 또 있다. 사병들에게 이 공간은 한시적이라는 점이다.

징병제 국가에서 군대에 의한 단절을 허용하는 것은 역설적으로 단절된 상태에서 언젠가 돌아온다는 점 때문일 것이다. 그래서 군대를 '누구에게나 평등하다'고 일컫거나, '거꾸로 매달아도 국방부 시계는 돌아간다'고 말하기까지 한다. 한시적 단절은 결국 군 생활을 비본질적이고, 지나가는 일로 만든다. 동시에 이곳에서의 부조리는 참고 넘어갈 수 있는 것으로 여겨지게 한다. 연속성이 없어서다. 계급이 오르거나, 전역을 통해 자연스럽게 극복될 수 있는 고통이기 때문이다.

얼마 전 한 친구가 내게 "군대에는 왜 피해자 모임이

없지?"라고 물었다. 처음에는 고민해보지 않은 주제라 한 10초 정도 머뭇거렸다. 나도 모르게 나온 말은 "제대하면 끝이라고 생각하기 때문이 아닐까?"였다. '가해자가 단일하지 않고' '증거가 없기도 하고' '국방부를 상대로 싸우는 게 힘들다' 등의 이유도 있었지만, 역시 단절된 공간에서의 일시적 경험(그러나 충격적인)으로 여기는 경향이 큰 듯했다.

나 또한 전경으로 복무하면서 새벽 근무지에서 주먹으로 가슴을 수차례 맞은 것 외에는, 폭언과 괴롭힘 대부분에 대해 기억이 가물가물하다. 일정 부분 '여긴 군대니까' 하며 숱한 폭력은 기억에서 지웠다. 물론 그중에는 내가 저지른 방관 행위 또한 포함될 것이다.

한시적 단절은 구조의 폭력성을 은폐한다. 연속성이 없고, 책임이 단절되기 때문에 가해자는 '그땐 어쩔 수 없었던' '지나간 일'로 자신의 행위를 정당화한다. 피해자 역시 자신의 고통이 일시적이며 이 권력관계는 오래 안 갈 것이라는 기대감을 갖고 참게 된다.

〈D.P.〉는 참고 기다리라는 징병제 군대의 대명제를 부수는 탈영병들을 그린다. 구성원 다수가 은폐하고 방관하는 구조를 통해 도무지 '참을 수 없는' 폭력이 일어나고 있음을, 그럼에도 그 부조리를 개선하려는 의지는 도무지 찾아볼 수 없는 구조에 절망한 이들은 탈영을 통해 군대의 실체를 까발린다.

사회의 감시에서 자유로운 군대는, 군대 내부 논리가 크게 작용하며, 상명하복의 구조상 윗사람이 누구냐에 따라 분위기가 천차만별이다. 이를테면 좋은 간부나 좋은 선임이 민주적인 부대를 만든다고 하더라도, 그 사람의 자리를 다른 누군가가 차지하면 다시 폭력적인 구조로 회귀하기가 매우 쉽다. 그래서 "요즘 군대는 그렇지 않다"라는 말은 대체로 틀리다. 악한 개인이 쉽게 권력을 휘두를 수 있고, 그것을 막을 수단이 많지도 않다.

군대에 있는 이들은 자신들의 세계가 사회에 의해, 혹은 미지의 존재에 의해 감시받고 견제받는 것을 경계한다. 내가 있던 전경 부대는 소대장이 경찰 신분임에도, 서울경찰청에 소원수리가 들어가자 소대원을 모아놓고 "나한테 이야기하면 되는데, 대체 무슨 짓거리냐"라면서 크게 화를 냈다. 그러나 내가 부대에 배치되기 전 물리적인 폭력이 난무하던 소대를 바꿔놓은 것은 서울경찰청에 직접 전화해

가해자를 고발한 한 선임의 용기 때문이라는 이야기를 들었다. 물론 가해자는 전출도 가지 않았고, 부대 안에서 소대를 이동했을 뿐이었다. 그래서 대부분의 사람들은 포기한다. 군대라는 본질적인 구조가 변하지 않으리라 직감하기 때문이다.

개인에게는 군대를 변화시킬 힘이 없다. 대부분은 버티고, 어떤 이들은 가해자를 고발하거나 아니면 극단적으로 탈영하기도 한다. 대부분 시간이 지나면 잊는다. 잊는 게 속 편하니까. 가해자는 되진 않더라도, 방관자로 남는 건 어쩔 수 없다고 믿는다. 물론 이것은 살아남은 사람들의 이야기다.

군대는 전쟁을 준비하거나 혹은 수행하는 집단이라는 명분으로, '비-사회'의 특별한 지위를 누리고 있다. 징병제를 통해 사회와 단절된 남성들을 강제로 채워 넣으며 그들을 군인으로 키워내기 위해선 군대를 '비-사회'로서 유지해야 한다는 논리를 강화한다.

결국 남성들은 20대의 어느 순간에 이르면 '특정한 규칙과 관습에 맞춘' 남성이 될 것을 요구받는다. 이러한 상황 자체도 폭력적일뿐더러, 남성성 형성에 미칠 악영향 역시 걱정스럽다. '남자다운' '군 생활 잘하는'으로 일컬어지는 수직적이고 과시적인 성향의 남성성이 군대를 통해 주류화, 표준화되기 때문이다. 이는 여성이 거의 없는 집단에서 만들어지기 때문에 '여성 배제적'이기도 하다.

조직에서 정한 임의의 규격 혹은 권력자 개인의 관점에 따라 한 인간이 멋대로 평가받고 재단되며, 그로 인해 무수한 고통을 겪을 수 있다는 사실을 집단으로 경험하는 것은 남성, 나아가 사회에 잘못된 교훈을 남긴다. 군대가 조직이나 공동체의 기본값처럼 대두되고, 폭압적인 구조를 잘 견디며 '표준적 남성성'에 잘 맞춰나가는 사람이 '좋은 시민' '좋은 노동자'처럼 호명되는 분위기를 조성한다.

특히나 남성이 다수거나, 남성 개인의 강력한 권한이 있는 조직에서는 더더욱 '유사 군대'가 자연스럽게 운영된다. 이러한 곳에서는 사실상 군대에서 요구되는 남성성을 수행하지 않는 남성, 그리고 여성들이 폭압적인 구조의 피해자가 될 가능성이 높다. 그리고 아마 대다수는 또다시 '방관자'가 되기를 요구받을 것이다.

폭력의 경험은 지워지지 않는다. 피해뿐만 아니라, 폭력을 정당화하는 구조 앞에서 철저히 무력하다 못해 포기하는 것에 가까웠던 기억들은 집단적 상흔으로 남는다. '우리는 우리 손으로 아무것도 바꿀 수 없었다'는 자괴감을 느끼게 한 경험이, 어쩌면 폭력에 맞서지 못하는 사회를 만드는 것이 아닐까. '연결되어 있다'는 감각, 누군가 나와 우리를 도와줄 수 있다는 안정감보다는, 단절되어 있고 각자도생해야 한다는 감각을 극대화시키는 곳이 군대니까 말이다.

나는 군대가 왜 단절된 공간이어야 하는지를 되물어야 할 때라고 생각한다. 핸드폰 사용, 최저임금 지급, 군 복무 기간 단축은 군대를 사회로 만들기 위한 최소한의 조치라 생각하는데, 사실 이마저도 부족한 듯하다. 모병제, 여성과 남성의 공동 징병제 등 다양한 대안이 나오고 있지만 선행되어야 할 부분은, 군대를 최소 경찰 수준까지는 사회와 연결되어 감시받는 조직으로 만들어야 한다는 것이다. 이는 12·3 비상계엄에서도 그 필요성이 여실히 드러난 부분이다.

군대가 사회에서의 내 모습이 이어지는 공간이 되고, 그 안에서의 행동은 군대의 특수한 기준이 아닌, 사회의 기준에 맞게 책임지는 구조를 만드는 것이 정말 불가능한 일일까? 수월한 통치를 위해 단절하고, 새롭게 구별 짓고, 복종을 강요하는 구조가 근본적으로 달라지지 않으면 변화 역시 미미할 것이다. 그래서 미래의 군대 형태에 대한 더 많은 상상력이 공유되는 것이 필요하다. '비현실적'이라는 말을 입 밖으로 꺼내기 전에, 조석봉 일병이 남긴 "뭐라도 해야지"라는 말을 먼저 떠올려야 할 것이다.

"살기도 싫은데
낳으라고"

한국의 합계출산율(15~49세 여성 1명이 평생 낳을 것으로 기대되는 아이의 수)이 2024년 기준 0.75명이다. OECD 국가 중 유일하게 0명대다. 그런데 주변 반응을 보면 놀랍지도 않고 이상한 일도 아니라는 분위기다. 문득 몇 년 전 여성의날에, 청와대 앞에서 〈정치하는 엄마들〉 활동가가 들고 있던 피켓에 적힌 문장이 생각났다. "살기도 싫은데 낳으라고?"

통계개발원이 낸 〈국민 삶의 질 2022〉에 따르면, 한국은 2019년 기준 자살율이 10만 명당 25.4명으로 OECD 1위다. 구체적으로 살펴보면 남성의 경우 연령이 증가할수록 자살률이 높지만, 여성은 70대 이상을 제외하고는 20~30대가 오히려 자살률이 더 높다. 우리 사회는 20·30 여성에게 결혼을, 또 출산을 기대한다. 하지만 자신도 살기 힘든 사회를 누군가에게 물려주고 싶지 않을 것이다.

특히 20대 여성의 경우 상황이 심각하다. 보건복지부가 낸 〈2022 자살예방백서〉에 따르면 자살률 자체는 남성·노년층이 높으나, 자해·자살 시도 비율은 여성·젊은층이 높다. 20대 여성은 2020년 한 해 동안 집계된 자해·자살 시도건수만 6886건으로 20대 남성의 두 배 이상이었고, 무엇보다 2020년은 그 직전 해보다 무려 21.1퍼센트나 증가한 수치였다.

전반적으로 2019년에 비해 2020년의 자해·자살 시도는 감소했다. 10대, 80대 이상 여성과 20대 남성은 증가했지만 그 폭이 크지 않았다. 하지만 20대 여성은 눈에 띌 정도로 자해·자살 시도 비율이 늘어났다. 이 수치는 응급실에 내원한 사람을 기준으로 한 만큼 실제 자해·자살은 더욱 많았을 것으로 추정된다. 더불어 10대 여성도 3325건, 30대 여성도 3293건으로, 10~30대 여성의 자해·자살 시도건수는 남성 전체의 자해·자살 시도건수에 육박했다.

그렇다면 청년 여성은 왜 죽는가. 정신적·정신과적 문제가 압도적이었고(10대 여성 68.7퍼센트, 20대 여성 64.9퍼센트, 30대 여성 61퍼센트), 심지어 전 세대에 걸쳐서 여성은 '정신적인 고통'이 자살의 동기 중 다수를 차지했다. 남성들은 10대를 제외하고는 경제생활·육체적 질병 문제 등의 비율이 더 컸다.

2020년, 청년 여성들의 자해·자살시도 비율 급증의 원인은 역시 코로나를 꼽을 수밖에 없다. 먼저 서비스직종 비정규직에서 많이 일하는 20대 여성들의 노동 안전성이 현저히 떨어졌다. 나아가 새로운 투자에 대한 리스크가 커지고 기회가 감소한다는 것은, 결국 기존의 보수적이고 남성적인 질서가 강화된다는 것을 의미한다. 당연히 거기에 편입되지 못한 여성에 대한 보이지 않는 배제는 심화됐을 것이다. 자신의 학습 능력과 성취에 따라서 원하고 기대했던 사회적 위치나 대우가 있었을 터인데, 성차별 등 부당한 요인으로 인해 기대와 현실이 판이할 경우에 압박과 고독감은 커질 수밖에 없다.

그런데 원인이 단지 코로나일뿐일까? 이민아 중앙대 교수의 논문 〈노동시장에서의 위기심화와 청년여성 자살률〉[24]은, 2018년 이후 꾸준히 20~30대 여성 청년 자살률이 눈에 띄게 높아지고 있다는 사실을 지적한다. 실제로 2017년 대비 2021년 자살률의 경우 20~29세 여성은 71.9퍼센트, 30~39세 여성은 27.8퍼센트 급증했다(남성은 20~29세 30.3퍼센트, 30~39세 3.1퍼센트 증가했다).

이 교수는 실업률이 아닌 2017년 이후 비정규직 비율과 시간제 비율, 2017년 이후 25세 이상, 30대 청년 여성의 니트(구직 단념자) 비율과 자살률이 정의 관계(비례)를 이룬다고 설명한다. 이어 "2018년도부터 더욱 심화된 노동시장 내 청년여성의 위기와 그로 인한 절망이 자살률을 설명하는 주요한 요인"이라며 "코로나19가 발생하기 전부터 이미 청년여성은 노동시장 내에서 더욱 주변화되었다"[25]라고 밝히고 있다.

'눈떠보니 선진국'이라고 누군가는 말했다. 그런데 어떤 선진국이 이렇게 살기 싫고, 물려주기 싫은 국가일까. 앞서 언급한 낮은 출산율, 그리고 높은 여성 청년의 자해·자살 시도 비율은, 한국이 성차별이 극심한 국가라는 걸 빼놓고 설명할 수 없다. 절망감은 단순한 힘듦에서 오는 게 아니라, 인식과 현실의 괴리감에서 오는 것이기 때문이다.

청년 여성들은 수년 전부터 페미니즘을 외쳐왔고, 외치지 않더라도 자연스럽게 그 대의에 동의했다. 그리고 너무나 '빠른' 한국 사회의 특징만큼이나 성평등도 빠르게 올 것으로 기대했다. 이미 여성들은 다양한 부문에서 남성들을 능가할 만큼의 역량을 갖춰놓고 있기도 하다. 하지만 막상 현실에서 청년 여성들이 맞닥뜨리는 건 지독하게 변하지 않는 장벽이었다. '그러니까, 내가 단지 여자라서 안 된다는 거지?'의 황당함. 그건 처음엔 그저 '어이없음'이었을지 모른다. 그러나 차별의 경험이 반복되면 나중엔 공포로 다가온다.

분명 누군가는 성공의 경험을 쟁취해낸다. 차별을 뚫어내기도 한다. 그리고 그 수는 과거에 비해 조금이나마 많아지고 있다. 계층적 우위나 세습된 자본, 혹은 개인의 압도적 능력은 여성으로서 받는 차별을 일시적으로 혹은 일부분이나마 무마시켜주기도 하니까. 문제는 그러한 성취는 모두에게 가능한 일은 아닐진대, 꽤 많은 사람이 그걸 보고 나지막이 "너도 할 수 있다"라고 말한다는 점이다. 심지어 우리 사회는 이제서야 튀어나온, 그러한 '빙산의 일각'을 평등 혹은 역차별이라고 일컫는 수준에 이르렀다. 그래서 '결국 내가 부족했구나'라면서 여성들이 스스로를 자책하도록 만든다. 차별당하면서도 자신을 탓하게 만드는 구조에 숨이 막히는 건 당연하다.

청년들의 의식은 빠르게 변화했는데, 대한민국 사회는 그 속도를 전혀 따라잡지 못할뿐더러 역주행까지 하고 있는 모양새다. 더 나은 삶에 대한 기대는 매번 배반당하며, 끙끙 속앓이만 하게 된다는 것을 경험해본 사람들은 안다. 포기를 강요당한 것이나 마찬가지라는 사실을.

차별이 만드는 인식과 현실의 불일치에 대해 '사회가 문제다'라고 외칠 수 있는 상황이면, 그나마 불만이 해소될 수 있다. 하지만 앞서 말했듯 한국 사회는 개인의 혼란과 실패에 대해서 구조적 원인을 숨기고, 개인의 탓으로 돌려왔다. 게다가 '불편하면 자세를 고쳐 앉아'라고 말하며 누군가의 분노에도 멀리서 비웃음을 보내는 이들은, 여전히 정치적으로 강력한 힘을 발휘하고 있다.

내몰리는 사람들을 구해줄 방법이 하나하나 사라진다는 느낌이 든다. 너도나도 '저출생' 문제를 이야기하지만, 당연히 산 사람을 '살리고자 하는 마음'이 우선이다. 더 많은 사람들을 살리고자 하는 의지가 없는 사회에서 새로운 아이가 태어나는 건 사실 위험한 일이기도 하다. 우리는 은연중에 그 위험을 감지하고 있는지도 모른다.

3·8 여성의날마다 죽음을 생각하는 청년 여성들의 얼굴을 떠올리며 나는 간절히 기도하게 된다. 퇴행 속에서도 더 이상 절망에 빠지지 않도록 해달라고, 방법은 잘 모르겠지만 그럼에도 감히 오래오래 버티게 해달라고. 수없는 불길한 징조들 앞에서 '낙관'이라는 말은 사치겠지만, 그럼에도 가끔은 함께 웃을 수 있기를 바란다고.

3부
그럼에도 함께할 수 있다면

〈흑백요리사〉와
능력주의

넷플릭스 〈흑백요리사〉가 주목을 받았던 이유는 내로라하는 셰프들의 출연과 더불어, 동시에 그들조차도 이름값을 빼고 오로지 '실력'만으로 경쟁하는 곳이라는 느낌을 줬기 때문이다. 특히 화제가 됐던 것은 '안대 미션'이었다. 애초에 누가 만드는지도 모르게 만들면서, 오로지 맛만으로 심사하는 구도는 이 경쟁이 얼마나 공정한지 보여주는 듯했다.

시즌1 '흑백 혼합 팀전 레스토랑 미션'에서 시청자들

의 반응이 유독 좋지 않았던 이유는 안대 미션에서 추구하던 '맛으로 평가한다'는 기준과는 전혀 다른 기준을 들고 왔기 때문이다. 바로 수익성이다. 누가 올지, 그들이 얼마를 쓸 수 있을지 알 수 없는 상황에서 이것은 일종의 눈치 싸움이 될 수밖에 없었고, 결과론적이지만 방송 경험이 풍부한 최현석 셰프의 전략이 성공을 거두었다.

더불어 제작진이 일부러 각 팀에서 한 명을 방출하라고 했고, 심지어 방출자들끼리 만든 팀이 전원 탈락까지 하면서 이 미션에 대한 시청자들의 불만은 더 커졌다. 맛을 두고 경쟁하는 미션과는 완전히 거리가 멀어진 셈이다. 또한 셰프들이 직접 재료를 수급할 수 있도록 하면서, 미국에 자신의 식당이 있는 에드워드 리 셰프, 광주에서 식당을 하는 안유성 셰프 등은 큰 어려움을 겪을 수밖에 없었다.

최현석 셰프의 억수르 기사식당 멤버를 제외한 나머지 네 명의 생존자들 역시 공정하게 선정했다고 보이긴 어렵다. 에드워드 리 셰프가 이끄는 팀에선, 한식 전문가인 이영숙 셰프(한식대첩2 우승자)나 이미영 셰프(급식대가)는 눈에 띄지 않았다. 메뉴 선정부터 조리까지 '서포터(프렙)'의 역할을 했기 때문이다. 팀전에선 필연적으로 있는 일이지만 1 대 1 미션이었다면 이들이 이렇게 허무하게 떨어졌을까 싶다.

사실 어느 서바이벌이나 팀전은 있고, 거기서 좀 특이한 심사 기준이 적용되기도 한다. 1 대 1 대결만 반복하면 변수도 없고, 영 재미가 없어서다. 하지만 〈흑백요리사〉의 레스토랑 미션이 유독 비판을 받았던 이유는 '안대'를 공정성의 상징으로 내세우던 프로그램이 어느새 그 가치를 버린 것처럼 느껴졌기 때문이다.

그런데 〈흑백요리사〉의 미션들이 과연 정말로 공정했는지 묻고 싶다. 일단 심사위원 1명이 흑수저의 운명을 결정해도 괜찮은 걸까? 백종원 더본코리아 대표와 안성재 셰프의 평가기준은 달라 보였다. '채소의 익힘 정도'라는 말이 유행어가 될 정도로 안 셰프는 간이나 익힘 정도 같은 조리의 완성도를 중시했고, 백 대표는 독창성과 맛의 레이어를 중시하는 듯했다. '보류' 제도가 있긴 했지만, 누군가는 어떤 사람에게 심사를 받느냐에 따라 운명이 달라졌을 수도 있다. 안대 미션은 또 어떨까. 보기에 멋진 음식을 만든 이들일수록 손해를 봤다. 어떤 음식은 보는 데서 즐거움을 선사하는 것도 있다. 그런 점에서 음식에 대한 객관적인 평가가 이뤄졌다고 보기에는 어렵다.

팀전은 애초에 개개인의 요리 실력을 평가하지 않는다. 여러 명이 하는 것이니 개인의 실력은 그리 중요하지 않았다. 맛 평가에서도 제대로 만들었음에도 대중적이지 않다는 이유로 감점을 받기도 했다. 일례로 권성준 셰프(나폴리맛피아)는 100인분 리소토를 20분만에 해냈음에도 불구하고, 리소토의 올바른 익힘이 오히려 한국 사람에게는 '설익은 것'처럼 느껴지는 바람에 팀과 함께 떨어졌다가 패자부활전에서 겨우 살아났다.

안대 미션을 통해 오로지 맛만 평가하는 서바이벌인 것처럼 굴다가, 나중에 그 콘셉트를 바꿨다는 점에서 시청자들의 실망이 클 수는 있다. 그러나 이것은 오디션이나 서바이벌 프로그램의 한계이기도 하다. 결국 모든 과정에 제작진의 의도나 심사위원의 주관이 개입하기 때문이다. 그런데 생각해보면 우리가 사회에서 능력이라고 말하는 것 역시 대부분 그렇다. 수치화되지 않는 능력은 대부분 그 가치를 인정받지 못한다. 높은 직급, 많은 수익 등으로 수치화되어야만 '능력이 입증됐다'고 하는 경우가 많다. 그런데 그 수치화할 수 있는 능력은 누가 평가하는가. 권한 있는 평가자들이 한다. 사회에서 수없이 만나는 그 평가자는 〈흑백요리사〉에 출연한 백 대표나 안 셰프만큼 정확한 기준을 갖고 있는 경우가 흔하지 않다. 어쩌면 '내가 보기에 괜찮아서'가 평가 기준의 전부가 될 때도 있다.

또한 그 평가자들은 대부분 편향성을 가진다. 유리천장이 강고한 이유는 여전히 '여성은 ○○을 못할 것이다'는 사회적 편견을 지닌 '남성 평가자'가 많기 때문이다. 어떤 기업의 인사 과정에서 여전히 학벌이 변수가 되는 것은 평가자들이 '명문대학을 나온 애들이 똑똑하다'는 학벌주의적 인식을 노골적으로 혹은 무의식적으로 내보이기 때문이다. 더불어 계층이나 성별 등은 공정한 능력 평가를 사실상 불가능하게 만들기도 한다. 기회가 균일하게 주어지지 않기 때문이다. 정지선 셰프는 《경향신문》 인터뷰[1]에서 "10곳의 식당에 이력서를 내면 10곳 다 안 받아줬다. 이력서가 아무리 화려해도 안 됐다"라면서 여성이라서 겪었던 어려움을 토로했다. 또한 "쉬는 시간이면 남자 동료들이 우르르 나가 담배를 피우고 들어오고 퇴근하며 다 같이 술도 자주 마시러 가는데 그런 자리에 가지 않으면 대화에 낄 수가 없었다"라며 지금의 위치에 오르기까지 외로웠다고 했다.

능력만으로 평가하자는 사람들의 '능력'이 나는 무엇인지 언제나 궁금했다. 시험은 형식 면에서는 객관성이 있다고 여겨지지만, 이것 역시 어디까지나 지식 테스트에 불과하므로 특정한 분야에서 능력이 있는 것을 증명하는 일과는 거리가 있다. 대학입시나 입사 시험 정도에서 활용될 뿐, 실제 삶의 수많은 과정에서 능력이 평가받는 방식은 레스토랑 미션에 가깝다. 단순히 요리 실력이 아니라 운, 전략, 리더십, 동료와의 호흡, 기울어진 운동장에서 버텨내기 등. '흑백 혼합 팀전 레스토랑 미션'은 경연 대회에선 영 보기 싫은 미션이었지만(그래서 시즌2에서 없어졌는지도 모른다), 의도치 않게 현실을 잘 반영했던 미션이라는 생각이 든다.

최근 한국 사회에선 어퍼머티브 액션(불리한 입지의 사람들에게 혜택을 부여해 차별을 줄이려는 정책)을 반대하는 능력주의에 대한 선망이 지속되고 있다. 그러나 레스토랑 미션은 우리가 흔히 말하는 '능력'이라는 것이 얼마나 객관화하기 어려운 것인지 보여준다. 동시에 '능력으로만 평가하자'라는 말이 얼마나 공허한지도 말이다. 능력이라는 것도 편향된 누군가의 기준에 의해 재단된 것이기에, 어쩌면 누군가는 그것을 온전히 측정받을 기회조차 얻지 못하고 있는 것은 아닐까.

가는 그것을 온전히 측정받을 기회조차 얻지 못하고 있는 것은 아닐까.

〈우리들의 블루스〉가
'낭만화'하는 남성들

영주 우리 선배 언니는 임신중단하고도 잘 사는데.

현 애 낳고도 잘 살 수 있어. 그 선배한테 아마 나 같은 남자
    가 없었을걸. 너한텐 내가 있잖아.

영주 변하지 말기, 나 진짜 너만 믿고 직진한다.

몇 날 며칠 임신중지에 대해 고민하던 고등학생 커플
의 표정은 갑자기 밝아진다. 그들의 위기가 일시적 혹은 임
시적일 것을 암시하는 소나기가 내리고, 그들은 미소를 지

으며 뽀뽀를 한다. 영주(노윤서)가 임신 사실을 알게 된 초반에 "닥쳐. 결정은 내가 해. 내 몸이야"라고 현(배현성)에게 말한 것은 너무나 우습게 되어버렸다.

이들의 에피소드가 나온 드라마 〈우리들의 블루스〉 5화가 많은 비판을 받은 이유는, 임신중지에 대한 고민을 다루는 방식이 '낙태죄 폐지' 이후의 여성의 성과 재생산권 논의와는 전혀 다른 방향이었기 때문이다. 결국 여느 드라마에서처럼 임신중지에 대해 단순히 태아 생명권 vs 자기 결정권으로 묘사하는 구도가 반복됐다.

자세히 내용을 살펴보면 〈우리들의 블루스〉에는 분명 '업데이트된' 임신중지에 대한 관점이 들어 있다. 동시에 낙태죄 폐지 이후 후속 입법이 안 된 상황에 대한 지적까지 나온다. 영주는 "임신중단 합법화 논의 중이라 아직 보험 적용이 안 돼서 부르는 게 값이래"라고 말했고, 처음 간 병원의 의사 역시 임신중지에 대한 명확한 규정이 없다고 하며 "일단 부모동의서를 갖고와라"라고 말한다. 현이 먹는 임신중지약인 미프진을 사서 영주에게 건네줬지만, 영주가 병원의 경고 때문에 먹지 못하는 장면도 있다.

그러나 결국 이 모든 '업데이트'를 무색하게 만드는

장면이 나온다. 바로 초음파 장면이다. 두 번째로 갔던 병원의 의사는 "여기가 아기 머리고 여기가 팔, 여기가 다리, 장기들은 다 잘 만들어졌네요. 태동도 활발하네? 아이고… 아기가 너무 건강해요. 심장 소리 한번 들어볼래요?"라며 심장 소리를 들려준다. 영주는 "하지 마세요"라며 소리를 지르고, 임신중지를 결정하지 못한 채 현을 잡고 운다.

이후의 전개는 이들이 결국 아기를 낳을 것을 암시한다. 애초에 태아가 6개월(26주)인 상황에서 병원을 찾아간 것 역시 당연히 출산을 전제로 한 설정일 것이다. 현은 "낳자" "지울 자신이 더 없다"라고 말하지만, 영주는 "너 때문에 내 인생 다 망쳤어" "지울 거야"라면서 계속 임신중지 의사를 밝힌다. 하지만 결국 버스를 타는 다음 장면에서는 소화기가 터져서 소란스러운 와중에 배가 아픈 영주가 "저 임신부예요!"라고, 이어 현은 "여기 임신부 있어요, 저는 애기 아빠예요"라고 외치며 버스를 세웠고, 여기서 황당하게도 밝은 음악이 흘러나온다.

'현'이라는 남자 캐릭터에 주목할 필요가 있다. 임신중지를 에피소드의 중심에 놓을 거라면 캐릭터의 성격이 조금 달랐어야 했다. 그저 착하고 순수한 '순정파'로 그려지는 현의 모습을 보면서, 이 드라마를 보는 수많은 여성은 답답함을 느꼈을 것이다. 현은 제주도가 지긋지긋해서 서울로 가고 싶어 하는, 사랑이 영원할 거라고 쉽게 믿지 못하는, 다양한 욕망이 있고, 임신중지에 대해서도 여러 층위에서 고민하고 있는 영주와 정반대이기도 하다.

'순정파'이기 때문에 그가 위기에 대응하는 방식은 매우 단순하다. 해달라는 걸 해주거나, 옆에 있거나, 자기가 책임지겠다고 하는 것이다. 결국 그의 존재를 통해 '마이 바디, 마이 초이스'라는 명제는 사라진다. 터무니없이 그는 아기 옷 가게 앞에 서서 "그 애 내 아기기도 하잖아"라는 말을 하고, "가장 걱정되는 건 여자친구의 몸입니다. 수술하면 많이 아픈가요?"와 같은 질문을 네이버 지식인에 던진다. '애인의 임신'에 대응하는 남자의 수준을 이 모양으로 그려놓으면, 당연히 드라마 자체가 임신과 임신중지를 다루는 방식도 명확한 한계를 가질 수밖에 없게 된다.

임신중지를 하려는 영주에게 자꾸 출산을 종용하며 자신이 책임진다고 말하는 현의 태도는 무모하기 짝이 없다. 하지만 〈우리들의 블루스〉에서는 순수하고 착하니까 그럴 수 있다는 식으로 포장된다. 나아가 여성의 의사와는 무관하게 '내 연인과 태아는 내가 지킨다'라는 가부장적인 남성의 태도가, 낙태법 폐지 이후 임신중지를 소재로 다룬 드라마에서 '그럴 수도 있다'를 넘어 아예 낭만인 양 묘사되는 건 납득하기 어렵다.

'현'만 그런 것이 아니다. 다른 에피소드에 나오는 한수(차승원)는 자신이 못다 한 꿈을 골프선수인 딸이 이뤘으면 하는 일념으로 살아가는 기러기 아빠다. 그가 염치 불고하고 동생에게 2억을 빌리려고 하는 것도, 심지어는 학창시절 자신을 짝사랑하던 은희(이정은)의 마음을 이용해 "별거 중이다, 이혼하려고 한다"고 거짓말을 해서 돈을 빌리려는 것도 오로지 딸의 유학생활을 위해서다.

심지어 은희에게 속셈이 들키자 "(마음을) 이용할 수 있다면 이용하고 싶었어. 우리 애 보람이 나처럼 돈 때문에 자기 꿈도 포기하면서 살게 하고 싶지 않았어. 꿈 없이 살아가는 게 어떤 건지 난 아니까"라는 변명 아닌 변명까지 늘어놓는다. 하지만 그럼에도 한수의 처지는 '이해받는 것'으로, 아니 오히려 그가 행복해지며 에피소드는 끝을 맺는다.

이어지는 동석(이병헌), 선아(신민아)의 에피소드는 영화 〈건축학개론〉을 보는 줄 알았다. 동석과 선아는 학창시절 제주에서, 7년 전 서울에서 만났다. 홈페이지 인물 소개에는 동석에게 선아는 첫사랑이며 순정(?)을 '열일곱과 서른 둘'에 짓밟혔다고 나온다. 그는 여전히 선아가 자신을 갖고 놀았다며 저 홀로 원망하고 있다. 반면 선아의 입장에선 동석을 이용하거나 배신한 것이 아니었다. 공식 홈페이지 인물소개에 동석은 '작은 의지처였다'고 쓰여 있는 것으로 그의 감정을 추정할 수 있을 뿐이다. 감정의 비대칭이야 당연히 드라마에서 다룰 수 있는데, 이것이 너무나 남성중심적인 옛사랑 이야기인, 속칭 '쌍년 서사'와 다를 게 없어서 놀랐다. 동석의 관점에서만 '낭만'이고 '순정'이었을 뿐이다.

세 인물이 겪는 것은 공교롭게도 (그들 입장에선) '남자다움'의 위기다. 한 사람은 '가부장으로서의 권위'를 잃을 위험에 놓였고, 다른 한 사람은 두 번이나 구애했지만 실패했으며, 또 다른 한 사람은 사랑하는 연인과 태아를 지킬 수도 없다는 불안감에 시달린다. 그들은 헌신을 자처하지만, 이는 정작 타인을 위한 것이 아닌 것 같다. 자기만족이 더 커보인다.

남자 캐릭터들의 상당수가 '남자로서의 자존심 혹은 책임감'에 도취해 있고, 그 사실이 언제 어디서나 면죄부가 되는 세계관, 입체적이고 복잡한 여성이 남성의 단순함을 너그럽거나 귀엽게 봐주면서 비로소 갈등 해소가 이뤄지는 이야기. 여전히 나는 소외된 사람들에 천착하는 노희경 작가의 작품이 다양한 감정과 맥락을 품고 있다고 생각하고, 그래서 쉽게 그의 작품에 대해 단언하는 건 피하고 싶었다. 하지만 어리석고 못난 남성의 행동을 낭만으로 포장하고, 여전히 그것을 따뜻함과 인간미의 일면으로 내세우고 있는 것까지는 그냥 넘어가긴 어렵다. 명백하게 시대착오적이다.

* 노희경 작가는 여성을 입체적이고 섬세하게 그린다. 여성 캐릭터를 평면적으로 그리거나 도구화하는 문제는 노희경 드라마에선 잘 보이지 않는다. 오히려 남성은 상대적으로 단순하게 그리고, 아예 남자 캐릭터에게 별다른 기대를 하지 않는 것처럼 보일 때도 있다. 이는 의도적이거나 아니면 철저한 현실 고증(?)이라는 생각이 든다. 아이러니하게도 '입체적인 여성'은 피해자도 되고, 가해자도 되며, 공격도 하고, 방어도 한다. 하지만 그들과 갈등을 빚는 '평면적인 남성'은 주로 억울해하거나 무언가에 집착하는 모습을 보이면서 오히려 연민의 대상이 된다는 점이 문제다. 연민의 대상이 되면 그가 겪는 고통을 해소하는 쪽으로 이야기가 흘러갈 수밖에 없고, 결국 위에서 지적한 것 같은 문제가 생기게 된다.

운전을 시작하고
알게 된 것

운전면허는 일찌감치 땄지만 그동안 운전을 전혀 한 적이 없었다. 그래서 새로 산 차가 집에 도착했지만 1주일간은 신주단지 모시듯 가만히 두기만 했다.

운전연수를 받기 전까지는 사실 많이 무서웠다. 나는 기능만 세 번, 도로주행시험은 두 번이나 떨어지고 겨우 면허를 땄다. '이런 나도 운전을 할 수 있을까?' 걱정이 태산이었다. 저 빠르고 큰 걸 사람들은 어떻게 아무렇지 않게 끌고 다닐까 싶었다.

하지만 주말에 아내와 함께 두 번 운전연수를 받고, 이후 이곳저곳을 돌아다니면서 불안감이 조금씩 줄어들었다. 처음에는 마트, 그다음에는 드라이브 스루, 멀리 있는 음식점, 예식장, 뮤지엄 산, 두물머리 등 범위를 넓혀 나갔다. 나와 아내는 서로 의지하고, 또 경쟁하며 (누가 누가 더 잘하나) 운전을 익혀 나갔다. 물론 여전히 처음 가는 서울 시내 도로에서는 꽤나 애를 먹고 있고 특히 주차에서는 골머리를 앓고 있다. 해장국집에 갔다가 주차를 못 해서, 심지어 빠져나가는 것을 어려워해서 식당 손님들의 관심 어린 시선(?)을 맞이해야 했으며, 인왕산에 있는 카페에선 말도 안 되는 이중주차에 고개를 저으며 돌아와야 했다. 그럼에도 운전이 즐겁다고 느꼈다. 날씨 좋은 날에 음악을 들으며 운전하는 일은 생각보다 신나는 일이었다. 여전히 낯선 길은 신경 쓰이고 긴장되지만, 익숙한 길에서는 조금 머리를 비우고 쉬어간다는 느낌도 든다.

물론 운전하면서 가장 크게 느낀 감정은 '안도감'이었다. 일종의 '정상성' 수행을 한다는 것. 그동안은 남들은 다 하는 것을 못 하고 있다는 데서 부끄러움을 크게 느꼈다. 이것은 남성성 수행과도 연결된다. 남성들은 운전을 잘하고, 또 좋은 차를 끌고 다니는 데 일종의 자부심을 느낀다. 좋은 차야 그렇다 치더라도, 내 또래는 이미 10년도 훨씬 전에 시작한 운전을 못 하고 있다는 사실은 나에겐 큰 콤플렉스였다.

〈하트시그널〉〈환승연애〉〈나는 솔로〉 등 대부분의 연애 리얼리티 프로그램에서는 거의 남성이 운전한다. 이런 장면은 이성애에서 남성이 데이트 혹은 관계를 리드해야 된다는 사회적 인식을 반영하기도 하고, 동시에 남성을 운전자의 기본 모델로 상정한다는 것을 뜻하기도 한다. 나 역시 30여 년 넘게 이러한 인식 속에서 압박을 느낄 수밖에 없었다. 남해나 제주도 등 차가 없으면 이동이 비교적 쉽지 않은 곳을 아내(당시 애인)와 함께 여행할 때면 농담처럼 "뚜벅이라서 미안해"라는 말을 하곤 했다. 물론 면허를 따고서도 운전을 해야겠다는 엄두를 잘 내지 못했다. 주로 서울 시내를 다니는 데다가, 연봉이 적으니 덜컥 자동차를 살 생각을 하지 못한 것이다.

나 역시 우리 사회에서 '번듯한' '정상'이라고 규정된 남성의 모습을 흉내내려는 욕망이 이렇게나 강했구나, 새삼 운전을 하면서 느끼게 된다. 또한 아내와 번갈아가며 운전하면서 고민하게 되는 건, 여성의 운전을 어렵게 만드는 여러 환경이 있다는 점이다. 여성은 운전을 못한다는 편견, 그리고 가부장의 존재를 가정하면서 여성은 굳이 운전할 필요가 없다는 이중 편견이 기본값으로 깔려 있다. 동시에 난폭하거나 폭력적인 운전자들의 존재는 그 자체만으로 여성을 위축되게 만든다.

나아가 성차별적 사회는 대부분의 일에서 여성에게 더 엄격한 잣대를 들이대고 있고, 이러한 분위기는 여성 운전자가 실수를 두려워하고, 운전에 익숙해지기도 전에 기가 죽어버리도록 만든다. 누가 뭐라 하지 않더라도 여성들이 '이렇게 운전해도 괜찮을까' 하며 자기검열을 해버리는 것이다. 반면 비교적 남성에게 관대한 사회이다 보니, 남성들은 자연스럽게 '그럴 수도 있지'라는 마인드를 장착하게 된다. '실수할 수도 있지' '못할 수도 있지'라는 생각은 운전에 대한 두려움을 줄여준다.

초보를 가장 당황하고 겁먹게 만드는 것은 전혀 위험하지 않은 상황에서 계속 클랙슨을 누르는 경우였다. 반면 용기를 줬던 이들은 초보운전을 붙인 것을 보고 운전 미숙에 의한 실수를 참아주거나 기다려준 사람들이다. 공격적

이고 배려 없는, '어쩌라고'가 용인되는 (남성적) 운전 문화
는 용기를 내기 어렵게 만든다. 성차별적 운전 환경을 개선
하는 가장 중요한 실천은 도로에서의 관용과 양보라는 생
각이 든다.

‘여성들’을 지우는
방송사

흔히 쓰는 단어가, 특정한 맥락 속에선 중요한 의미를
갖는 경우가 있다. 영화 〈에브리씽 에브리웨어 올 앳 원스〉
로 아시아계 여성으로서는 첫 아카데미(제95회) 여우주연
상을 탄 양자경의 수상소감에서의 ‘Ladies’가 그랬다.

양자경은 자신의 수상이 “나를 닮은 소년 소녀(All the
little boys and girls who look like me)들에게 희망과 가능성의
증거다”라고 말한다. 그런데 다음에는 “And Ladies, don’t
let anybody tell you you are ever past your prime. Never give

up(그리고 여성분들, 누구도 당신이 전성기가 지났다고 말하지 못하게 하라. 절대 포기하지 마라)"이라고 말한다. 'Boys and Girls'가 왜 'Ladies and Gentleman'으로 이어지지 않았을까. 그건 전자의 '나를 닮은'에서 '인종'에 대한 부분을 말했다면, 후자에서 강조하고자 하는 것이 '중년 여성 배우'로서 본인과 동료들이 지금도 겪는 차별이기 때문이다.

그는 1980~1990년대 홍콩영화계의 명실상부한 주연배우였지만, 한동안 헐리우드에서는 주로 조연이었고 전형적인 '아시안 여성'으로서의 스테레오타입을 연기할 것을 요구받았다. 하지만 그는 결국 '양자경'만의 캐릭터 구축에 성공했고, 오스카상까지 거머쥐었다. 그러므로 'Ladies'에는 양자경 개인이 '아시아인'과 '중년'의 '여성'으로서 경험한 중첩적인 차별이 담겨 있다. 남성적 시선이 주류적인 영화계에선 여성은 대체로 '예쁘고 젊어야만' 주인공이 되며, 배우로서 가치가 있다고 평가받는다. 미국 서던캘리포니아대(USC) 연구팀이 '2014년 연간 흥행 순위 Top100' 영화를 분석했을 때 여성 배우가 단독 주연이나 공동 주연급으로 출연하는 영화는 21편뿐이었다. 그리고 그해에는 45세 이상 중년 여배우가 주연급으로 출연하는

영화가 단 한 편도 없었다.[2]

그리고 미국 샌디에이고 주립대의 마사 라우젠 교수의 2020년 연구[3]에 따르면, 2019년 박스오피스 순위에 오른 영화에서 대사가 있는 캐릭터의 성별 비율은 남성 66퍼센트, 여성 34퍼센트였다. 더 큰 문제는 남성 캐릭터 연령은 40대 이상이 47퍼센트인데 반해, 여성 캐릭터 연령은 40대 이상이 30퍼센트에 불과하다는 것이다. 여기에 더해, 대사가 있는 여성 캐릭터 중 아시아계는 7퍼센트(백인은 68퍼센트)에 불과했으니, 양자경의 여우주연상 수상은 그야말로 '기적'에 가까운 일이 맞다.

한국 영화계라고 다를 리 없다. 문소리 배우가 감독·주연을 맡은 영화 〈여배우는 오늘도〉의 카피문구는 '트로피는 많고 배역은 없다'였다. 영화진흥위원회가 발표한 〈2022년 한국 영화산업 성인지 결산〉[4]을 살펴보면 2022년 순제작비 30억 이상 영화 중 여성 주연은 7명(19.4퍼센트)에 불과했다. 또한 한국 영화 흥행 30위 영화 중 여성 캐릭터의 연령대는 20대가 28.6퍼센트로 가장 많았고, 40대는 25퍼센트, 50대는 10.7퍼센트에 불과했다(60대 이상은 없음). 반면 남성 캐릭터의 연령대는 40대가 35.7퍼센트, 50대가

28.6퍼센트, 60대 3.6퍼센트로, 40대 이상이 무려 3분의 2 가량을 차지했다.

미국과 한국 영화계에 관한 젠더 통계가 보여주는 사실은 아주 명확하다. 여성 배우의 몫은 애초에 부족하고, 그 배우의 연령이 높아질수록 기회는 점점 더 줄어든다는 것이다.

다시 'Ladies'로 돌아가자. 그러니까 "전성기가 지났다고 말하지 못하게 하라"라는 이야기는 '여성들'이라는 말을 빼면 설명이 안 된다. '(나이가 듦으로서) 전성기가 지났다'는 말을 듣는 것은 주로 남성 배우가 아니라 여성 배우이기 때문이다. 오히려 남성들은 나이가 들면서 더 기회를 얻는다.

그런데 SBS 〈뉴스8〉은 양자경의 수상소감을 보도하며 "And Ladies"를 음성과 번역 자막에서 모두 지웠다. SBS 보도국은 이에 대해 언론을 통해 "꼭 여성에게만 해당되는 단어가 아니라고 생각해서"[5] 지웠다고 해명했다. 하지만 이후에 논란이 더 커지자 "리포트를 통해 전달하고자 한 메시지는 해당 배우가 아시아계 여성으로서 '차별의 벽'을 넘어 성취를 이룬 사실을 전달하는 것이었다. 의도를 갖고 왜곡할 의도가 전혀 없었다"[6]라며 영상을 다시 편집해서 올렸다고 한다. 정확한 이유는 알 수 없다만, 명백한 '젠더 지우기'인데다가, 수상소감의 가장 중요한 단어를 놓친 셈이 됐다. 매우 심각한 방송사고다.

심지어 그가 출연한 〈에브리씽 에브리웨어 올 앳 원스〉는 여성 히어로물이며, 모녀간의 갈등과 회복을 그린 영화였다. 나아가 양자경은 'Ladies'와 대구를 이루듯 "I have to dedicate this to my mom, all the moms in the world(이상을 제 어머니와 세상의 모든 어머니에게 바치고 싶다)"라고 말한다. 이쯤되면 'Ladies'는 명백한 의도를 가진 표현이라는 이야기다. 수많은 맥락을 차치하고, 단순히 수상소감만 다 들어봐도 'Ladies'라는 말을 굳이 빼는 것이 얼마나 어색한지 알 수 있었을 것이다. 대체 누구 좋으라고 한, 누구 기분을 맞추기 위한 왜곡이었을까.

여성 급식대가들의
노동은 왜 폄하되는가

"알배추 겉절이에다가 수육에 쌈, 쌈장에 멸치고추장 볶음에 육개장에, 매실청으로 이제 소스를 만들어서 수육하고 곁들어 먹으면 조금 느끼함도 없어지고…"

내로라하는 100명의 셰프가 모인 경연장에서 급식판이 등장하는 장면이 정말 인상 깊었다. 미쉐린가이드 3스타를 받은 깐깐한 심사위원은 "추억이 떠오른다"라며 무장해제된 채 계속 밥을 먹었다. 넷플릭스 예능 〈흑백요리사〉에서 여느 유명 셰프만큼이나 화제가 됐던 건, 바로 이 급식판을 구성한 '급식대가' 이미영 셰프였다.

이미영 셰프는 15년 경력의 학교 급식 조리사다. 경남 양산에 있는 하북초등학교에서 일하다가 2023년 8월 정년퇴임했다. 아들이 권유해서 출연하게 된 〈흑백요리사〉에서 그는 자신의 진가를 유감없이 발휘하면서, 시청자들은 물론 주변에 있던 셰프들까지 놀라게 했다.

특히 그가 오골계를 주제로 한 1 대 1 미션에서, 오골계 볶음탕을 만들어 '백수저' 방기수 셰프의 오골계 찜국을 이기고 올라왔다는 점이 놀라웠다. 방 셰프는 '시그니엘 서울'에 있는 한식당 비채나에서 미쉐린 1스타를 받은 적이 있다. 경남 한 초등학교의 급식 조리사가 한국에서 가장 높은 호텔에 있는 식당을 이끌었던 미쉐린 셰프보다 더 맛있는 음식을 냈다니, 얼마나 대단하고 충격적인 일인가.

《중앙일보》 인터뷰[7]에 따르면 이미영 셰프와 조리실 무사 2명은 매일 120인분의 점심을 책임졌다고 한다. 120인분을 하던 이가 1인분을 하는 건 비교적 쉬웠을 것이다. 실제로 그는 한 라디오에 출연해 "적은 양이 쉬워요. 많은 양을 만들 때는 조금 실수할 때도 있었습니다"라고 토로하기도 했다. 1 대 1 미션 이후 그가 본인만의 요리를 보여주지 못하고 탈락한 것이 아쉬움으로 남는 이유다.

그는 〈흑백요리사〉에서 탈락이 확정되자마자 심사위원인 백종원 더본코리아 대표 앞에서 "가서 이제 밥해야겠습니다. 애들 밥해줘야겠습니다"라면서 웃었다. 아이들에 대한 그의 애정을 알 수 있는 부분이다. 또 그는 많은 사랑을 받는 조리사였다. 배식 도중에 아이들에게 "감사하게 맛있게 잘 먹었습니다"라는 편지를 받는가 하면, "엄마가 해주는 것보다 맛있어요"라는 말을 듣기도 했다.

실제로 하북초등학교 홈페이지에 올라온 '2023년학년도 학교급식 만족도 자체 분석 결과표'를 보면 "나는 우리 학교 급식을 좋아한다"는 항목에 학생의 98퍼센트가 "그렇다"라고 응답했다. 비빔국수처럼 매운 음식은 1~3학년과 4~6학년용 양념을 따로 만들고, 수육 소스는 새우젓 대신 양파소스로 대체한 노력[8]을 아이들이 알아봤던 것이다.

그러나 이미영 셰프가 일했던 환경은 여느 학교 급식실처럼 녹록지는 않았을 듯하다. 그는 "조리실 여건이 이전보다 나아졌어도 아직 개선할 점이 남아 있습니다. 여름에 방수 앞치마를 두르고 뜨거운 물이나 불 앞에 서면 너무 더워요"[9]라고 말하기까지 했으니까.

학교 급식 노동자는 아이들의 성장과 건강을 책임져주고 한 번에 100인분 이상을 만들 수 있는 능력자들임에도 그들에 대한 처우는 열악하다. 부산노동권익센터가 발표한 〈부산 지역 학교급식 노동자 안전보건실태와 과제〉[10]에 따르면 10명 중 8.6명이 근골격계질환을 겪고 있었다. 또한 노동 강도에 대해 '매우 힘듦 이상'으로 응답한 이가 48.4퍼센트로 과반 가까이 됐다. 조리 종사자(조리사, 조리실무사) 1인당 평균 급식 인원수도 115명이나 됐다.

정혜경 진보당 의원실 자료[11]에 따르면 다른 지역도 별반 다르지 않았다. 2024년 기준 서울은 상인 학교 수가 95퍼센트(부산 91퍼센트)가 넘었는데, 이는 서울대병원 등 주요 공공기관 급식 노동자가 1인당 65명[12]인 것에 비하면 턱없이 인력이 부족한 것이다. 또한 부산 학교 급식 노동자의 26.4퍼센트는 2년 내 건강검진에서 흉부 이상 소견 판정을 받았다. 실제 2022년 전국 학교 급식 노동자의 87퍼센트를 검진해보니[13] '폐암 의심'으로 나타나는 비율이 일반 여성(35~65세 미만)에 비해 35배 높은 것으로 나타났다. 튀김, 볶음, 구이 과정에서 생기는 조리흄이 폐암의 원인이다. 2023년 10월 기준, 폐암 산재를 신청한 급식 노동자는 158명이며, 이 중 117명만이 산재를 인정받았다.[14]

게다가 노동 강도에 비해 월급은 적다. 학교 급식 노동자의 기본급은 약 206만 원(2025년 기준)[15]이다. 기본급으로 따지면 최저임금을 월급으로 환산한 209만 원에도 미치지 못한다. 방학 중에는 상여금 50만 원을 받을 뿐이다. 저임금에, 기본적으로 힘들고 위험한 일에다가, 폐암 우려까지 겹치자 일을 그만두는 이들이 늘고 있다. 반면 신규 채용은 잘 안 된다. 2025년 3월 기준 신규 채용 미달률을 살펴보면 전국은 29.1퍼센트, 서울은 84.5퍼센트나 됐다. 무려 10명 중 8명 이상이 채워지지 않았다는 이야기다. 그밖에 울산은 56.8퍼센트, 제주 55.3퍼센트 등이었다.[16] 2024년 초 서울 서초구의 A 중학교에서는 조리실무사 두 명이 전교생 1043명의 급식을 조리해 '부실급식' 논란이 일어난 적도 있다. 당초 이 학교의 조리실무사 정원은 아홉 명이었는데, 사람이 구해지지 않아서 벌어진 일이었다.[17]

학교 급식 노동자가 부족해지자 서울시교육청은 30억 원의 추가경정예산을 편성해 시범적으로 15개교에 로봇 팔을 설치하기로 했다. 그러나 이는 노동자들의 처우를 개선하는 근본적인 해결책이 되지 못했다.《한겨레21》[18]과 인터뷰한 영양사들은 "볶음 로봇(팔)은 사람이 하는 것처럼 디테일한 부분을 따라가지 못하며" "튀김 로봇팔은 공산품 조리에 적합한 기기이기 때문에 직접 만드는 고기튀김, 야채튀김 등 수제튀김을 잘못한다"라고 말했다. 일부 업무 분담은 될 수 있지만 숙련된 인원을 대체할 수는 없다는 이야기다.

결국 현 상황을 해결하는 근본적인 방법은 학교 급식 노동자의 처우와 환경 개선을 통해 인력 수급을 원활하게 만드는 일이 아닐까? 폐암 방지를 위한 환기 시설 개선은 물론이거니와, 현재의 저임금·고강도 노동의 구조를 변화시켜야만 한다. 급식 노동자 처우가 개선되는 모습이 가시화돼야 급식 노동자 부족 사태도 끝날 것이다.

현재의 저임금·고강도·고위험 구조는 어쩌면 '밥을 하는 일'은 여성이라면 누구나 할 수 있다는, 그래서 급식 노동의 가치를 폄하하는 한국 사회의 그릇된 인식에서 비롯된 것이다. 그 일이 얼마나 중요한지, 또 힘든지도 간과한 채로 우리는 학교 급식 노동자의 희생에 전적으로 의존해온 것은 아닐까.

〈흑백요리사〉에서 이미영 셰프가 그 '밥'이라는 것을 아무나 못한다는 걸 보여줘서 다행이지만, 한편으로는 어쩌면 미쉐린 셰프 못지않은 능력이 있는 수많은 학교 급식 노동자들이 열악한 환경 속에서 일한다는 사실도 기억해야 할 것이다. 이미영 셰프가 경연을 다 끝내고 남긴 "영광이었습니다. 저는 성공한 여자라고 생각합니다"라는 말에 가슴이 뭉클했다. 시민들의 관심이 〈흑백요리사〉의 '급식 대가'를 넘어서, 더 많은 학교 급식 노동자들이 '성공한 여자'가 될 수 있고, 존경받고 사랑받는 '셰프'로 살아갈 수 있도록 하는 데까지 나아갔으면 한다.

엄마와 이모들은
오늘도 풋살을 한다

"초등학교 운동장 보셨어요? 여자아이들의 것이 아니에요. 축구하고 노는 건 다 남자아이들이에요. (…) 왜 여자아이들은 운동장을 갖지 못하지?"

2017년, 닷페이스의 〈우리에겐 페미니스트 선생님이 필요합니다〉 영상[19]에서 마중물샘이 한 말은 젠더에 따른 기울어진 운동장이 무엇인지 적확하게 알려줬다. 그런데 눈에 보이는 것을 말하고, 페미니즘 교육의 필요성을 강조했다는 이유만으로 그는 남초 커뮤니티의 인신공격과 《조선일보》의 허위보도[20]에 시달려 오랜 시간 고통받았다.

마중물샘이 던진 문제의식을 대단한 논란인 양 이야기하는 한국 사회에 맞서, 여성들은 지난 몇 년간 학교 안팎에서 고군분투했다. 그중 하나가 여성 생활 스포츠의 활성화였다.

특히 여자 축구(풋살)는 김혼비의 책 《우아하고 호쾌한 여자 축구》가 화제가 되고, SBS 〈골 때리는 그녀들〉의 성공으로 단숨에 각광받는 여자 스포츠로 부상했다. 2024년 기준, 5년 전에 비해 여자 축구동호인은 20퍼센트, 풋살팀은 3배 이상 늘었다고 한다.[21] 이 수치는 대한축구협회 등록 기준이니 아마 실제로는 훨씬 더 많은 여자 축구-풋살팀이 전국에서 활동하고 있을 것이다.

《오마이뉴스》도 2023년 11월 여자 풋살팀을 창설했다. 나는 그해 4월에 아내가 선배들과의 모임(우리는 사내부부다)에서 처음 풋살팀 이야기를 꺼냈던 것을 기억한다. "우리도 풋살팀 만들어보면 어떨까요?" 의외로 선배들이 흔쾌히 동의했지만 진척되지는 않았다. 그도 그럴 것이 아내는 이제 막 풋살에 관심을 가졌을 시기였고, 아직 어떤 팀에 속하거나 학원에 다닐 때도 아니었다. 그러던 사이 한국기자협회가 처음으로 여자 풋살대회를 열었다. 팀조차 꾸리지 못한 우리 회사로서는 아쉽게 된 일이었고, 다음 해를 기약해야만 했다. 그 사이 아내는 초보 풋살러로서의 발걸음을 내딛고 있었다. 기초 과정을 밟아나가고, 동네 풋살팀에 가입해 그해 여름 구슬땀을 흘렸다.

가을에는 감독과 주장을 구했고, 그때부터는 운영진이 구축됐다. 팀 이름은 '마이볼'로 정해졌다. 회사 이름에서 착안하되, 언론사의 느낌은 살짝 뺀 멋진 이름이었다. 아내는 총무를 맡아서 이런저런 실무를 담당했다. 작은 소모임으로 구성하려고 했던 아내의 계획보다 훨씬 더 많은 사람들이 관심을 보였고, 현재는 20명 가까이 팀에 속해 있다. 타 언론사보다 한참 작은 우리 회사 규모를 생각하자면 놀라운 일이다.

나는 특별한 일이 없으면 마이볼 연습에 꼬박꼬박 참석했다. 연습에 필요한 짐을 들고, 종종 미니게임 혹은 연습에 참여하거나, 사진을 찍었다. 쌀쌀한 늦가을에서, 후텁지근한 초여름까지 아내와 팀의 실력이 얼마나 늘고 있는지, 얼마나 더 끈끈한 팀이 되는지 온전히 지켜볼 수 있었다.

내가 질색하던 건 스포츠에서의 위계였다. 조직에서의 상하 구조나 나이에 따른, 또는 더 잘하는 사람이 덜 잘하는 사람에게 가하는 과도한 지시와 질책은, 나 같은 사람들에겐 스포츠를 피하게 되는 주된 원인이었다. 하지만 마이볼 선수들은 대부분이 시작한 지 얼마 안 된 초급자였고, 주말에는 남편과 아이까지 함께 운동장에 나왔다. 그러니 '수평적인' 팀이 될 수밖에 없다.

동시에 이곳에선 잘 알지 못하거나 그다지 관심이 없던 동료들과의 교류가 자연스럽게 늘어났다. 회사 동료의 남편, 남자 친구, 아이들과도 대화하는 모임이라는 건 아무래도 흔치 않은 일 아닌가. 누구도 운동장에선 회사 일에 대해 말하지 않았다. 그저 풋살과 풋살을 열심히 하는 우리들에 대해서 이야기했으니 그게 좋았다.

다음 해 5월, 마이볼은 결국 사고를 쳤다. 2회 한국기자협회 여자 풋살대회에서 4위를 한 것이다. 대회 첫 출전 팀 중 4위 안에 든 것은 마이볼이 유일했다. 32강 토너먼트 단판제로 이뤄지는 대회에서 마이볼은 JTBC, 서울신문, MBC 팀을 꺾고 4강에 올랐다. 하지만 아쉽게 지난대회 준우승팀인 CBS를 만나서 승부차기 끝에 졌다.

최선을 다했고, 좋은 플레이를 보여줬다. 하지만 아쉬움에 눈물을 흘리는 선수들도 있어서 마음이 아팠다. 승패가 정해져 있다는 것, 그것도 아주 미세한 차이로 결정된다는 것이 풋살의 짜릿함이자 잔인한 구석이기도 하다. 그럼에도 그 잔인함을 위로해주고 함께 극복해나갈 이들이 옆에 있다는 것, 그게 풋살의 매력이 아닐까 싶다.

4위까지 주어지는 멋진 트로피와 상금을 받았고, 공식적으로 4경기 5득점 무실점이라는 쾌거를 만들었다. 뒤풀이에 참석한 모든 사람이 '다음엔 우승'이라는 건배사를 했다. 노력을 성적으로 증명했고, 명확한 다음 목표도 설정됐다. 선수들과 그들의 가족들은 모두 이날 한 번씩 트로피를 들었다. 우리 삶에 트로피를 들 수 있는 일은 거의 없다. 로또가 아닌 이상 '몇 등'을 했다고 소리쳐서 기뻐할 만한 일도 없을 것이다. 그렇게 개개인의 역사를 아름답게 채워나갈 수 있는 일이 생겼다는 점에서, 풋살에 참 고마웠다. 누군가는 별것 아닌 '공놀이'라고 여기겠지만, 그 별것 아닌 공놀이 때문에 우리는 한 시절을 찬란하게 색칠할 수 있었다.

경기에 집중하느라 보지 못했는데, CBS전 승부차기

때 아이들이 울었다고 했다. 풋살에 크게 관심 없어 보였던 아이들이 엄마와 이모들의 경기에 집중하고, 패배에 함께 눈물지었다고 하니 놀라웠다. 동시에 그들이 '엄마와 이모들이 풋살을 정말 열심히 한다'는 것을 알아주는 것 같아서 기특했다.

엄마와 이모들의 경기를 본 아이들은 풋살에 대해 '남자들이 주로 하는 것'이란 생각을 전혀 하지 않게 될 것이다. 동네 풋살장에서 우리 팀의 경기를 구경했던 남자아이들은, '왜 학교에선 남자아이들만 운동장에 많지'라는 궁금증을 품게 될지도 모르는 일이다. 그렇게 운동장을 넓게 쓰며 공을 차는 여성들의 존재에 의해서, 아이들의 생각은 차츰차츰 변하고 있을 것이다.

바르셀로나 여행 중에 FC 바르셀로나의 경기장인 캄 노우에 간 적이 있다. 경기장은 공사 중이었지만, 그 옆 훈련장에서 어린아이들이 '바르샤 아카데미'라고 쓰여 있는 옷을 입고 연습을 하고 있었다. 일명 '라 마시아'라고 불리는 바르샤 아카데미는 메시를 키워낸 것으로 유명한데, 2023년 리오넬 메시와 더불어 여자 발롱도르(세계 최고의 선수에게 주어지는 상)를 수상한 아이타나 본마티(FC 바르셀로나 페메니) 역시 바르샤 아카데미 출신이다.

이곳의 어린 여자 선수들도 남자 선수들과 같은 운동장에서 연습을 시작했다. 즉, 여성팀과 남성팀이 운동장을 나눠 쓰고 있었던 것이다. 그리고 부모들은 그걸 지켜보고 있었다. 적어도 바르셀로나 사람들은 '축구는 주로 남성이 한다는 인식'을 갖진 않겠구나 싶었다.

더 많은 아이들이 아주 어릴 때부터 여성이 축구하는 모습을 보기를 바란다. 공을 차는 것이, 축구를 하고 노는 것이 자연스러워지기를, 혹여 누군가가 "여자가 무슨"이라고 하면, "우리 엄마가 하는데" "우리 언니가 하는데"라며 코를 납작하게 눌러줬으면 한다. 여자아이들이 점심시간에 운동장을 가로지르며 '우아하고 호쾌하게' 공을 차고, 수돗가에서 세수를 하고, 에어컨과 선풍기 앞에서 땀을 말리고 있으면 안 될 이유가 있단 말인가.

'마이볼'과 같이 곳곳에서 생겨나는 여자 축구(풋살)팀들은 자신들도 모르게 '기울어진 운동장'을 조금씩 바로 맞추고 있다. 수많은 여자 축구인들이 즐겁게 뛰며 만드는 이 변화를, 누가 거부할 수 있을까. 오늘도 축구하는 여성들이 쉽사리 지치지 않도록, 곁에 있는 이들이 마냥 응원하고 격려해주기를, 담대하게 나아갈 수 있는 용기를 불어넣어주기를 바란다.

응원봉의
의미

"여의도 공원 앞쪽으로 정말 젊은 MZ세대라고 표현
을 해야 되나…. 손에 젊은 야광봉, 그리고 우리 제작진들
한테 물어보니 아이돌 가수 공연 갈 때(드는 것). 촛불이 아
니고 그걸 한번 보셨어야 돼. 그걸 보고 저는 정말 울컥하
더라고요…. '아직 끝나지 않았다.' 그 친구들이 외친 구호
입니다. (…) 제가 봤던 그런 기존의 집회 현장하고 너무나
달랐어요. 그게 너무 감동스럽더라고요. 그리고 저 친구들
한테 제가 창피하다는 게 느껴지더라고요. (…) 그 친구들

보면서 정말 희망을 느꼈습니다."[22]

홍사훈 전 KBS 기자가 〈김어준의 겸손은힘들다 뉴스공장〉에서 눈물을 참으며 전한 말이다. 이는 계엄 이후 광장에 나온 '응원봉 시위'를 본 기성세대의 충격과 감동을 잘 드러낸다. 20·30 여성을 주축으로 한 '응원봉 군단'이 대거 참여했고, 이들은 일명 '팔뚝질'을 한다거나 촛불을 붙이는 대신, 응원봉을 흔들며 "윤석열 탄핵"을 외쳤다.

연사들의 발언이 끝나고 기성세대들은 잘 모를 법한 K-POP들의 퍼레이드가 이어졌고, 이를 개사해서 시위 구호로 부르는 모습은 분명 어르신들이 보기에는 놀라웠을 것이다. 외신들 역시 에스파의 〈위플래쉬〉에 맞춰 "퇴진 퇴진 윤석열 퇴진"을 외치는 모습을 주목했다. 달라진 시위문화를 읽어낸 주최측과, 20·30 여성들의 응원봉과 함성이 시위에 새로운 활기를 불어넣은 것이다.

20·30 여성들이 유독 탄핵 집회에 많이 참석한 이유에 관해 이야기할 때, 윤석열 정권이 애초에 젠더 갈라치기를 통한 여성혐오를 내걸고 탄생한 정권이라는 사실을 빼놓아선 안 된다. 윤석열이 폐지한다고 선언한 여성가족부는 12·3 비상계엄 19개부 중 유일하게 장관이 없던 상태였

다(여가부 차관은 계엄 의결과 계엄 해제 시 두 국무회의 모두 참석하지 않은 것으로 알려져 있다. 참석해도 의결권이 없어서 찬성이나 반대 의사를 표명할 수 없다).

윤석열 정권은 실제 청년 남성들을 위한 정책을 펴는 것도 아니면서, 그저 '이대남들 심기 건드리지 않기'를 위해 사력을 다했다. 그 결과는 성평등 정책의 축소였고, 페미니즘 의제를 아예 무력화하는 정치였다. 이런 분위기 속에서 성차별은 사소한 문제로 치부되었고, 성폭력 문제는 구조적으로 조명되기보다는 악인의 일탈적 행위로만 간주됐다. '집게손가락'으로 대표되는 페미니스트에 대한 백래시는 윤석열 정부 내내 이어졌다. 정부가 '그래도 괜찮다'는 신호를 계속 주고 있었기 때문이다.

이 정권의 일관된 기조는 '여성혐오', 나아가 '노동자(노조) 혐오'였다. 그들은 '정치 공학' 혹은 '전략'이라는 이름하에 인권을 억압했다. 그렇게 이 정권이 배제하고 고립시키려던 이들이 광장에 모여서 지금까지 외치지 못한 말들을 쉴새 없이 외쳤다. 결국 그들이 윤석열에게 비수를 꽂았다.

한강 작가는 노벨문학상 수상 기념 강연에서 이렇게

말했다. "우리는 인간을 사랑하고자 하기에, 그 사랑이 부서질 때 고통을 느끼는 것일까? 사랑에서 고통이 생겨나고, 어떤 고통은 사랑의 증거인 것일까?"[23]

응원봉은 지극한 사랑의 표현이다. 가수의 콘서트장에서, 야구장에서, 그리고 수많은 일상적 순간에서 우리는 누군가를 사랑하고 응원한다. 현실이 고달프고 절망스러울 때도 우리는 그 사랑으로 버틴다. 누군가가 나와 함께하고 있다는, 보살피고 또 보살펴질 수 있다는 그 감각으로. 인간성은, 그리고 인간적으로 살아가는 일은 사랑이 무엇인가에 관해 질문하고 사유하는 과정에서 얻어지는 것이 분명하다.

이승만, 박정희, 전두환과 마찬가지로 윤석열은 오직 자신의 권력을 위해 우리가 일상적으로 행하던 사랑을 파괴하고자 했다. 일상적으로 나누는 즐거운 대화, 따뜻한 식사, 사랑하는 이들과 하는 산책, 기억에 남을 만한 공연, 함께 손잡고 봤던 아름다운 풍경. 윤석열은 그 모든 것을 아주 손쉽게 짓밟으려 했고, 시민들은 윤석열로부터 우리의 사랑을 지키기 위해서 광장으로 나왔다. 수많은 이들의 분노 섞인 함성은, 사실은 우리가 소중하게 여겨왔던 모든 것에 대한 사랑에서 비롯된 셈이다.

우리의 모든 사랑과 평온을 부수려고 했던 이에 대해선 용서할 수 없고, 타협할 수도 없다. 광장에서 시민들이 지켜내고자 했던 사랑의 정체가 무엇인지, 그들은 감히 알 수 없을 것이다.

모욕에 맞서는
방법

몇 년 전 배우 윌 스미스가 아카데미 시상식에서 코미디언 크리스 록의 뺨을 때린 것은 부적절했다.

크리스 록이 윌 스미스의 아내인 배우 제이다 핀켓 스미스의 자가면역질환으로 인한 탈모와 삭발에 관해, 삭발신으로 유명한 영화 〈G.I 제인〉을 언급하면서 놀린 것이 화근이었다. 그럼에도 수많은 사람이 보는 앞에서 타인에게 물리적인 폭력을 행사하는 것을 옹호하긴 어렵다. 그에겐 물리적 폭력이 아닌 다른 수단으로 반박하고 맞설 수 있는 방법이 분명 있었다. 다만 내겐 한 가지 의문이 남는다. 그러면 대체 어떻게 하는 게 최선이었을까?

모욕감을 느꼈을 때 능숙하게 대응하는 사람은 흔치 않다. 특히나 농담이나 유머를 가장한 모욕일 때 더더욱 그렇다. 남들이 다 웃고 넘어갈 때, 우리는 그 분위기를 망치기 두려워한다. SNS상에는 무례한 농담에 대응하는 온갖 '사이다' 썰이 쏟아지지만, 슬프게 그 썰의 주인공은 내가 아니다. '농담'이나 '장난'을 가장한 모욕들에 정색하고 달려들어봤자 손해 보는 것은 나다. 그건 어릴 적부터 내가 느껴왔던 감정들이기도 하다.

살이 쪄서 이런저런 놀림을 받아온 나는 꽤 소심한 아이였다. 중학교 시절에는 괴롭힘의 대상이 되기도 했다. 내 도시락이나 가방을 일부러 숨기거나, 앉으려는데 뒤에서 의자를 빼는 경우도 있었다. 농담을 가장한 모욕적인 말도 참고 견뎌야 했다. 특히 기억나는 건 중2 때 1학기 동안 나를 유독 괴롭히던 남자아이였다. 그는 나를 때리지 않았다. 하지만 놀리고 괴롭혔다. 나를 화나게 만들고, 화를 내면 "장난이야"라며 무안하게 만들었다. 이건 일종의 굴레다. 화를 내면 나만 이상한 사람이 되고, 화를 안 내고 가만히 있으면 더 자극을 한다. 정중한 사과 요구 같은 건 통하지 않는다.

결국 나는 수학 기말고사를 보는 날 아침에, 작정하고 그의 얼굴을 주먹으로 때렸다. 나로서는 그것만이 현재의 힘든 상황을 벗어날 유일한 해결책으로 여겨졌다. 그는 힘이 셌기에, 내가 먼저 때렸지만 오히려 더 맞았다. 희한한 사실은 그는 시험이 끝난 뒤에 사과했고, 나를 더 이상 괴롭히지 않았다. 2학기에는 아주 편하게 학교 생활을 할 수 있었다.

세상에 '맞을 만했다' '맞을 만한 일이다'라고 규정할 수 있는 행위는 없다. 그러나 '어떤 경우에도, 특히나 비물리적 폭력에 물리적 폭력으로 대응하는 것은 안 된다'는 말에는 의문이 든다. 어쩌면 개인에게는 오로지 그런 선택지밖에 안 남은 것처럼 느껴지는 경우가 있기 때문이다.

성인이 되어서도 나는 모욕적인 말이나 상황에 대응하는 방법을 깨닫지 못하고 있다. 항상 그런 상황은 우연히 갑작스럽게 다가오고, 나의 경우 대부분 가까스로 웃고 넘어갔다. 나는 젊고 덩치가 있는 남성이며, 직업적으로도 무례한 농담에 노출될 일이 드문 편이다. 그럼에도 피해갈 수는 없었다. 하물며, 약자라는 위치가 두드러질수록 이런 모욕은 일상적일 가능성이 높다. 미국의 페미니스트 작가 록산 게이가 윌 스미스의 폭행 사건에 관해 《뉴욕타임스》 칼럼[24]에서 쓴 것처럼 사회는 끊임없이 개인에게 '무던해지고 참아내길' 요구한다. 그러나 그건 고작해야 권력을 갖고 있는 자들의 '자유롭게 말할 권리'를 위해서다. '무슨 말을 못 한다'는 불평은 모욕감을 호소하는 목소리보다 훨씬 크다. 'When they low, we go high'라는 구호는 이상하게 변형되어, 인내하는 이들이 스스로를 위로하기 위해 쓰인다.

과거에 한 어르신과 대화를 나누다가, 내가 페미니즘 책을 낸다고 하니 "박원순처럼 되지 말고"라는 답을 들었다. 그전까지 화기애애한 분위기에서 밥을 먹었고, 정황상 그는 농담으로 그 말을 한 것이었다. 어안이 벙벙해서 뭐라 답을 할 수 없을 정도였다. 그 자리가 끝나기까지 나는 내 기분을 정확히 표현하지 못했고, 나중에 아내와 구시렁거렸을 뿐이었다.

어떻게 했어야 할까. 솔직히 다시 그 상황으로 돌아가더라도 화를 내거나 바로 반박하는 걸 상상하긴 힘들다. 그리고 다른 모욕적이고 기분 나쁜 상황을 되돌아보더라도 내가 곧바로 대응한 경우는 드물었다.

'나쁜 농담'에 맞서서 '뺨'을 때리면 안 된다. 이건 너무나 당연한 이야기다. 또한 당사자도 아닌 아내를 대신해서 복수하듯 때리고, "내 아내 이름을 함부로 말하지마"라고 한 것은 마초 가부장의 행태에 가깝다. 그걸 두둔하기는 힘들다. 하지만 슬프게도 더 나은 형태의 반박과 대응이 무엇일지도 역시 모르겠다. 정중하게 품위 있게 반응하는 것? 또 다른 '조롱'으로 받아치는 것? 말만 쉽다.

농담이 너무 맥락 없이 허용되는 반면에, 그에 맞서 화를 내는 것에 대한 반응은 관대하지 못하다. 예민하고 분위기 파악 못 하는 사람처럼 여겨질 뿐이다. 누군가의 질병이나 신체적 약점을 조롱하면서 웃음을 주는 경우를 우리는 꽤 익숙하게 봐왔다. 화자와 나 이외의 청자들이 모두 '와하하' 웃어주면, 혹은 화자가 권력관계에서 우위를 점하고 있을 때 맞설 수 있는 방법이 거의 없다는 점에서 이건 상당한 수준의 폭력이다. '그래도 물리적 폭력은 안 된다' 그 너머를 논해야 하는 이유다.

'불편하다'라는 말은 여전히 매우 주관적이고 감정적인 표현처럼 받아들여진다. 그런데 사실 '불편하다'는 매우 맥락적이고 관계에 기반해 있는 말이기도 하다. '네가 나에게 그런 말을 할 상황이 아니다'라는, '네가 나에게 그런 말을 할 사이는 아니다'라는 함의가 있다. 그럼에도 '불편하다'는 말은 언제나 쉽게 기각된다. 누군가의 '불편하다'는 목소리는 비웃음거리가 되고, 온갖 농담과 장난과 성희롱에 와자지껄 웃는 것이 '도리'처럼 여겨진다면, 그런 세상에선 누가 더 살기 좋은지는 명백하다. '불편하다'는 말을 무시할 수 있는, 굳이 목소리를 높이지 않아도 되는 사람들이겠지.

환대의
스파게티

아마 파스타를 처음 사 먹은 건 고등학생 때였을 것이
다. 용돈을 모아서, 또 당시에 홈페이지에서 뿌리던 쿠폰을
출력해 '스파게띠아'나 '쏘렌토'에 갔다. 이후 좋아하는 사
람을 (하지만 사귀는 사이는 아닌) 만나거나, 소개팅이 있으면
대체로 그런 한국식의 '스파게티(면의 일종이지만 과거에는 사
실상 파스타 전체를 통용하는 말로 쓰였다)'를 파는 곳에 갔다.
한국에도 '정통'에 가까운 이탈리안이 유행하기 전까진 말
이다.

우리 부부는 경남 남해에 자주 간다. 서울에서 매우 멀다는 것만 빼면 다 좋다. 아름답고, 고요하고, 내가 좋아하는 몇몇 가게들이 있다. 그중에 하나가 'I 레스토랑'이다. 서울의 괜찮은 이탈리안 어디에 내놔도 꿀리지 않는 맛있는 파스타를 내놓는다. 그러면서도 서울 파스타 가게의 단품 가격에 무려 3코스와 식전주(음료)를 준다. 한때 에스프레소바로 업종을 바꾸셨다가 다시 파스타 가게로 돌아오신 걸 보고 박수를 쳤고, 연휴를 맞아 다녀왔다.

가게에 들어가자마자 우리 옆자리에는 70대로 추정되는 할머니와 4~5세로 보이는 아이가 나란히 앉아 있었다. 이 동네 주민인 듯한 할머니가 사투리를 쓰는 걸 들으니, 지금은 돌아가신 나의 할머니가 생각나서 괜히 참 친근하게 느껴졌다. 옆에선 아마도 소스를 걷어낸 라구파스타로 추정되는 면을 아이가 차분히 먹고 있었다. 할머니는 본인의 것은 많이 안 드신 것처럼 보였지만, 아이가 먹을 때 마치 추임새를 넣듯 "잘 먹네" "○○이 맛있나, 엄마 아빠한테 여기 또 오자고 해라" 등의 말을 붙이며 손자를 흐뭇하게 쳐다봤다. 할머니와 아이가 같이 사는 것 같지는 않았고, 잠시 부모가 아이를 맡긴 듯했다.

사장님은 커피를 마시지 못하는 할머니와 손자를 위해 티라미수 대신 아이스크림을 줬다. 우리에게도 그랬지만 사장님이 두 사람의 점심식사를 위해 처음부터 끝까지 최선을 다하는 것이 느껴졌다. 아이는 처음에는 배가 부른지 안 먹는 듯 보였지만, 이내 아이스크림을 먹었다. 할머니는 또 흐뭇하게 손자를 쳐다보며 농담을 던졌다.

"○○이 잘 먹네~ 니 이태리에서 왔나. 그리 맛있나. ○○이 미국놈이가. 하하하."

그 목소리가 꽤나 컸지만 싫지 않았다. 우리도 야금야금, 또 얌전히 흰색 아이스크림을 퍼먹는 아이를 보면서 마음이 편해졌다. 우리는 아이가 가게를 떠날 때 손을 흔들어 인사했고, 그도 손을 흔들어 화답했다. 너 할머니 덕분에 참 맛있는 걸 먹었구나. 자라서도 이날이 기억되면 참 좋겠다만. 할머니와 아이가 떠난 뒤에는 4인 가족이 왔고, 그 점이 왠지 동네의 편안한 식당 같아서 좋았다. 우리는 후식으로 주는 유자젤리와 휘낭시에와 티라미수까지 싹싹 긁어 먹은 뒤 그곳을 나왔다. 나는 가게를 나오며 사장님께 "잘 먹었습니다"라는 말 뒤에 한마디를 덧붙였다. "또 올게요."

차를 타고 돌아오면서 노인과 아이의 모습을 다시 한

번 떠올렸다. 아마 그 둘은 내가 파스타 가게에서 본 최고령자와 최연소자일 것이다. 왜 서울에서는 아이도, 노인도 파스타 가게에서 볼 수 없었을까. 젊은 사람들이 너무 많아 보였던 것일까, 아니면 가격 때문일까, 괜히 '노키즈존'이라면서 분위기 잡는 가게들 탓일까.

"아이들이 파스타를 저렇게 잘 먹는데 노키즈존을 한다고?"

"그 가게에서 아이가 가장 조용하던데."

"그러니까, 이게 말이나 되는 세상인가."

그런 이야기를 아내와 나누다가 좀 목이 메었다. 아무리 생각해도 당연한 일들이 당연하게 여겨지지 않는 세상 같아서 말이다. 공공장소에서는 누군가 울 수도 있고, 조금 시끄러울 수도 있고, 그래서 누군가가 나의 평화를 해칠 수도 있다. 그리고 반대로 나도 그럴 수 있다. '남한테 민폐 안 끼치기'가 지상 최고의 미덕처럼 여겨지고, 민폐를 끼친 이들을 엄단하는 건 얼핏 보면 정당해 보인다.

하지만 우는 아이와, 귀가 잘 안 들려서 목소리가 커지는 노인, 특이한 행동을 반복하는 장애를 가진 이들, 땀을 많이 흘린 뒤에 대중교통을 타고 집에 가는 사람들….

그 모든 것을 민폐로 간주하는 세상에서 대체 어느 누가 환대받을 수 있을까. 매끈하고, 세련되고, 사회적 지위가 있고, 잘 갖춰 입은 누군가는 분명 민폐를 끼치지 않는 선량한 시민 대접을 받을 것이다. 하지만 그 상태는 영원히 지속될 수 있을까. 결국 늙고 병들면, 또는 어떤 약점이 생기면, 그런 이들도 추락하게 될 것이다.

상대방의 입장에 서는 일을 쉽게 포기하지 않았으면 좋겠다. 쉽진 않지만, 불가능한 일은 아니다. 분명 '배제'와 '이해하지 않음'은 환대보다 편한 일이다. '너는 민폐이며, 나에게 모욕을 줬어'라고 규정하면 끝이니까. 환대는 그보다 훨씬 고차원의 맥락을 요구한다. 말은 쉽지만, 행동은 어렵고, 자꾸만 인습의 유혹에 빠지게 된다. 그러나 그것 말고 무슨 방법이 있겠는가.

오늘 먹었던 'I 레스토랑'의 '환대의 스파게티'는 내게는 하나의 가능성이었다. 우리 사회에 진정 필요한 것은 주변을 둘러보고 포용할 수 있는 '여유'라는 사실을 깨닫게 됐다. 마음에는 타인이 들어설 공간이 있어야 한다. 아마 'I 레스토랑'의 사장님은 그 공간이 꽤나 넓은 분일 것이다.

연대 이후의 삶은
지금과는 다를 것이다

'연대'는 환상 속에 있다. 끈끈한 듯하지만 언제든 신기루처럼 사라질 수 있다는 걸 안다. 그래서 항상 기대하지만 동시에 냉소하게 된다. 젠더와 세대, 목표와 입장이 다른 사람들이 꾸준히 힘을 모으는 일이 쉬울 리 없다. 그걸 보고 '진보는 분열로 망한다'고 조롱하는 사람들도 있다. 하지만 애초에 자본과 결탁한 권력 집단(보수 색채가 강한)처럼 특정한 이익을 나누기 위해 모인 '이익 공동체'가 아닌 이상, 이러한 불화는 필연적이다.

그럼에도 연대만이 저항하고 투쟁하는 이들이 고립되지 않도록 도울 수 있기에, 언제나 연대에 기대게 된다. 페미니스트들의 시위에 평범한 남성 시민들이 함께했을 때, 파업하는 비정규직 청소 노동자들의 곁을 대학생들이 지켰을 때, 분명 세상은 한 걸음 더 나아갈 수 있었다. 연대는 약자들이 싸움에서 승리하게 만들고, 승리하지 못하더라도 다음 싸움을 준비할 수 있는 발판을 만들어줬다. 나아가 지금의 연대자들이 훗날 투쟁의 전면에 나설 때도 누군가가 연대하러 올 것이라는 희망을 심어준다. 연대를 포기할 수 없는 이유다.

물론 연대자로부터 내가 동의하지 않는 의견이 나올 수도 있고, 목표는 같지만 사상적으로는 전혀 다른 이들과 함께해야 할 수도 있다. 그래서 연대라는 것은 어느 정도 불쾌함을 감수하는 일이기도 하다. 광장에 나가면 안티 페미니스트, 권위주의에 찌든 중년 남성, 인종차별주의자들도 있다. 솔직히 말하자면 실생활에선 대화하고 싶지 않은 이들이다. 그렇지만 분명 어딘가에선 힘을 합칠 수 있다고 생각한다. 어쩌면 그들 역시 나 같은 사람이 싫을 수도 있지만 광장에 나온다. 그것이 연대니까. 또 연대를 통해 그들이 바뀔 가능성, 혹은 내 이해의 폭이 넓어질 가능성도 있으니까. 어떤 집단이나 사람을 차별하고 배제하자는 의견을 펼치는 게 아니라면, 누구나 광장에서 연대하고 목소리를 낼 수 있다고 믿는다.

하지만 '다양성을 존중하는 느슨한 연대'가 이어지는 건 쉬운 일이 아니다. '윤석열 탄핵'을 외쳤던 12·3 비상계엄 이후의 광장에서도 연대의 균열이 일어났다. 남태령에서의 기적 같은 연대는 잠시뿐이었다. 특정 집단의 목소리가 과도하게 나온다고, 누군가는 도움이 안 되니까 배제하자고, 우리가 만들어놓은 결과물에 '수저 없지 말라'는 말이 은근슬쩍 나왔던 때를 기억한다. 집회 내용에 불만이 있던 이들이 그 말에 동조하면서 서서히 연대에 균열이 생겼다. 대체로 다수자들이 소수자들을, 주류가 비주류를 압박해서 광장에서 지우고자 했다. 어제오늘 본 광경이 아니기도 한, 계속 반복되던 역사다.

소수자들 입장에서 기존의 주류-기득권, 차별을 숨쉬듯 하는 이들이 편할 리가 없다. 하지만 이들은 광장에서 누군가를 쫓아내라고는 말하지 않는다. 다수자들도 자신의 소수자성을 드러내는 이들이 불편할 수 있다. 괜히 찔리기도 하니까. 문제는 다수자들은 소수자들을 쫓아내라고 너무나 쉽게 말한다는 점이다. 나는 그것이 '권력 차이'라고 생각한다. 연대를 유지할지 안 할지의 권한은 자신들이 갖고 있다는 생각, '우리 집단'이 '너희 집단'을 쫓아낼 힘이 있다고 믿지 않으면 그런 말은 할 수가 없다.

한쪽에서는 광장에 선 페미니스트에 대한 볼멘소리가, 다른 한쪽에서는 광장에 선 트랜스젠더(퀴어)에 대한 볼멘소리가 터져 나왔다. 진보정당이 민주당을 무시하고 배제한다는 황당한 이야기까지…. 역시나 백래시였다. 주류, 다수의 집단과 자신을 동일시하고 '조용히 하지 않으면 연대 안 한다'는 협박을 일삼는 경우를 보면서 연대마저 '소비자주의화'된 것이 아닌지 의문이 들었다.

분명 광장에 선 대다수의 사람이 이런 의견에 동의했다고 믿진 않는다. 그러나 온라인은 소수의 집단만으로 여론 조성이 가능하고, 혐오에 기반한 주장을 일삼는 무리들이 특정 세력을 과대대표하면서 판을 흔들 때도 많다. 침묵하는 다수보다는 목소리를 높이는 소수의 의견이 (그것이 아무리 광적이고 부정의할지라도) 더 힘이 센 것이다. 나는 그들이 연대를 깨고 투쟁의 결과물을 자신들만 독식하고 싶어 하는 이상한 욕심을 가진 이들이거나, 흔한 온라인 트롤 (일부러 남을 화나게 하는 사람들)이라고 생각한다.

윤석열 탄핵 광장을 지나면서 깨달은 바가 있다. 당신과 나의 의견이 동일하지 않아도 우리는 함께 광장에 설 수 있다는 것, 어떤 집단이 싫고 불편하더라도 그들을 배제하고 쫓아내자고(침묵하라, 나서지 마라 등도) 말하면 안 된다는 것, 온라인에서 모든 상황을 판단하는 건 지양해야 한다는 것. 연대를 원한다면, 광장에 계속 사람들이 나오길 바란다면, 당신의 투쟁이 성공하길 바란다면 이 원칙을 지켜야 한다.

연대는 평소에 생각해보지 못했던 삶에 대해서 생각하는 일, 생전 처음 듣는 이야기에 고개를 끄덕이는 일이다. 그건 어쩌면 낯선 사람에게 줄 수 있는 가장 큰 환대이자 사랑일지도 모른다. 이 글을 읽는 모든 사람이 쉽게 낙담하거나 냉소하지 않고, 다시 연대의 광장으로 나오기를 바란다. 연대 이후의 삶은, 지금과는 조금 다를 것이다.

2018년 나의 미투는 2016년 강남역 살인사건 등에 더해져 여성들의 참아왔던 목소리가 커지는 계기가 되었다고 '말해져'왔다. 그리고 그 반작용으로 안티 페미니즘 등이 확산되며 소위 '이대남' 담론이 대두됐다. 나는 언제부터인가 분노나 답답함을 넘은 부채감을 안고 있었다. 그 누구도 나 때문이라고 대놓고 비난하거나 답을 내놓으라 한 적 없지만, 20여 년을 항상 모든 사건에 (유무죄의) 정답을 찾아왔던 나의 경험은 '문제를 제기한 네가 답을 찾아야 한다'는 습관 같은 압박감을 스스로에게 주었다.

처음에는 이대남 담론, 남성 역차별 담론이 아주 극소수의 나쁜 정치인들이 자신들의 정치적 입지 강화를 위해 억지를 부리는 것이라 생각했다. '이렇게 많은 객관적 수치가 여성들이 생존과 일상의 안전마저 위협받는 이 사회의 구조적 차별을 명백히 보여주고 있는데, 저들의 억지를 진실이라고 믿을 리 없다'고, '이 사회와 국가는 단지 뭘 해야 하는지 몰라서 이런 상황을 방치하는 것'이라고 나는 어리석게도 불행하게도 진실로 믿었다(그렇지 않고서는 여성들이 이렇게 고통받고 죽어 나가는 상황을 방치할 리가 없지 않은가…).

이리도 어리석었던 나는 '그러면 일단 내가 잘 아는 분야에 관해서라도 알려줘야겠다'고 마음먹고, 법무부에서 '디지털성범죄 등 대응TF' 팀장 등으로 근무하며 (박정훈 기자를 포함한) 위원님들과 성폭력 관련 사법 체계 전반을 검토, 성폭력에 있어서 가해자를 제대로 처벌하고, 피해자를 제대로 보호하기 위해 필요한 법률들 (60여 개 조문)을 고안해 (그 문구까지 만들어) 수 회에 걸쳐 권고안을 발표했다. 2021~2022년 그러한 권고안을 발표할 때만 해도 나는 솔직히 희망에 부풀었던 듯하다. 아무리 장관에게 수회 불려가 '여기서 나가라'는 압박을 받아도, 여가부 고위직원으로부터 "남성 표 떨어진다고 아무것도 못 하게 해서 아무것도 안 하니 지루해 죽겠다"는 이야기를 들어도, 여가부 최고 수장으로부터 "서 검사한테 왜 이거 한다고 해놓고 안 하냐는 비판을 피하려면 앞으로 아무 정책도 발표 안 해야겠다"는 말을 공식 회의 석상에서 노골적으로 들어도, 나는 이 사회와 국가는 단지 뭘 해야 하는지 몰라서 안 하는 것이라고 어리석게도 믿고 또 믿었다.

그 후, 3년이 넘는 시간이 지났다. 벌써 정권이 두 번 바뀌었고, 응원봉을 들고 추운 겨울 민주주의를 지켜낸 여성들을 '빛의 혁명의 주역'이라 칭송하기도 했지만, 국무회의 등 생중계에선 여전히 여성의 모습은 찾아보기 힘들고, 이제 정치권에서는 구조적 성차별이나 이에 대한 대책을 누구도 이야기하지 않는다. 여가부의 이름은 바뀌었고, 남성들의 역차별부터 해결하는 것이 최상의 과제가 되었다. 우리가 권고했던 60여 개의 법조문은 단 1개 조문만이 개정되었다.

나는 언제부터인가 답을 찾으려는 고민을 되도록 피하고 있었다. '이토록 견고했구나, 몰라서가 아니라 알면서도 그래왔던 것이구나…' 하는 뒤늦은 자각 때문이었을까, 그런 현실을 바라보는 것엔 고통이 따라왔기 때문이었을까, 능력과 지혜가 부족한 자신을 부끄러워하는 것 말고는 할 수 있는 것이 없다는 것을 알았기 때문이었을까.

　박정훈 기자의 책을 읽고 드는 마음은 부끄러움이었다. 외면하고만 싶었던 현실의 모습에도 불구하고, 그는 계속해서 기록하고 있었다. 여성들이 오랜 시간 누적된 생존의 위협과 불안과 분노를 말하기 시작했을 때, 이 사회가 가장 빠르게 반응한 것은 '여성들의 생존을 위한 대책'이 아닌 '상처받은 남성들의 마음을 보듬기 위한 대책'이었음을, 이 사회가 누구의 불안을 보호 대상으로 삼고 누구의 생존을 여전히 개인의 몫으로 남겨놓는지 이 책은 한순간도 쉬지 않고 기록하고 있었다. 당장 현실을 바꿀 수는 없을지라도, 외면한 고통 위에서는 그 어떤 변화도 자라나지 않는다는 것을 그는 글로써 말하고 싶었으리라.

　나는 이렇게 말하곤 했다. 미투는 남녀의 대결이 아니라, 과거와 현재의 싸움이라고, 내가 원하는 세상은 미투가 퍼져나가는 세상이 아니라, 미투가 필요 없어지는 세상이라고…. 우리는 여전히 그렇게 함께 꿈꾸고 있음을 믿고 싶다. 그의 기록은 남녀가 싸우자는 것이 아니라 누군가에게 위협이 되고 차별이 되는 과거를 바꾸자고 말하는 것이다. 우리가 원하는 세상은 누가 더 아픈지 경쟁하는 세상이 아니라 그 누구도 생존을 위협받거나 상처받지 않고 함께 살아가는 세상이라는 것을. 그의 계속될 기록을 미리 응원하며 다음번 그의 기록은 좀 더 희망적인 모습이기를 기도해본다. 내일은 우리가 함께 만들었던 권고안을 오랜만에 꺼내봐야겠다.

—서지현, 전 검사

미주

1부

1. 정재우, 〈"자녀들과 함께 보고 있다"… 영국 총리도 챙겨 보는 '넷플 드라마'?〉, JTBC, 2025년 3월 21일.

2. https://www.youtube.com/shorts/3y3rkUDqMYU

3. 김학준 지음, 《보통 일베들의 시대》, 오월의봄, 2022년.

4. 같은 책, 209쪽.

5. 로라 베이츠 지음·성원 옮김, 《인셀 테러》, 위즈덤하우스, 2023년, 179쪽.

6. 같은 책, 14쪽.

7. 벨 훅스 지음·이경아 옮김, 《모두를 위한 페미니즘》, 문학동네, 2017년.

8. 윤지원·이재덕, 〈극우 세계관, 청소년들 사이에선 차고 넘쳐… 이미 주류가 됐다〉, 《주간 경향》, 2025년 3월 3일.

9. 양진하, 〈왜 10대들이 극우에 빠질까 [영상]〉, 《한국일보》, 2025년 9월 12일.

10. 전혜원, 〈함께 끌어안을 세력, 단호히 결별할 세력〉, 《시사IN》, 2025년 2월 24일.

11. 민주언론시민연합, 〈극우 콘텐츠 노출 똑같은데, 왜 유독 남학생이? "분위기가 다르다"〉, 《오마이뉴스》, 2025년 11월 22일.

12. 최은서, 〈'고인 능욕' '패드립' 넘치는 교실… 언제까지 "어쩔 수 없다"고만 할 건가〉, 《한국일보》, 2025년 9월 9일.

13. https://www.youtube.com/watch?v=I8oSZyU6hKo

14. 조문규, 〈최근 1년 사이버성폭력 50%가 10대…딥페이크 범죄가 가장 많아〉, 《중앙일보》, 2025년 11월 16일.

15. 이슬기, 〈'가질 수 없으면 파괴한다'… 딥페이크방 잠입 취재기〉, 《오마이뉴스》, 2024년 9월 5일.

16. 고기정, 〈'도태남'에게 여자배당을… '연애추첨제' 주장한 남성 뭇매〉, 《아시아경제》, 2024년 3월 25일.

17. 고나린, 〈[단독] '○○○능욕방' 딥페이크, 겹지인 노렸다…지역별·대학별·미성년까지〉, 《한겨레》, 2024년 9월 2일.

18. 김송이, 〈딥페이크 성착취물, 절반이 한국인 얼굴〉, 《경향신문》, 2024년 8월 28일.

19. 박정훈, 〈참담한 대한민국 지도… 이게 끝이 아니다〉,《오마이뉴스》, 2024년 8월 29일.

20. 남미자·김자영·배정현·이희진, 〈중고등학생의 페미니즘 백래시(Backlash) 실태와 대응 방안 모색(현안 2022-13)〉, 경기도교육연구원, 2022년, 72쪽.

21. 한국성폭력상담소, 〈밀양집단성폭력사건-끝나지 않은 이야기〉, 2005년 9월 16일.

22. 한국성폭력상담소, 〈[사후보도자료] 2004년에서 2024년으로: 밀양 성폭력 사건, 피해자의 삶에서, 피해자의 눈으로, 피해자와 함께 말하기〉, 2024년 6월 13일.

23. 같은 글.

24. 같은 글.

25. 한국여성의전화, 〈2024년 분노의 게이지 : 언론 보도를 통해 본 친밀한 관계의 남성 파트너 및 일면식 없는 남성에 의한 여성살해 분석〉, 2025년 3월 7일.

26. 박우진, 〈"연 10만건 육박"…경찰, 교제폭력 공식 통계 구축 추진〉,《뉴스핌》, 2025년 12월 26일.

27. 이미령, 〈데이트폭력 올해 넉달간 4천 400명… 구속은 1.9%뿐〉,《연합뉴스》, 2024년 5월 26일.

28. 윤성효, 〈강지원 "밀양 성폭행 사건… 경찰들, 웃기지도 않았다"〉,《오마이뉴스》, 2016년 3월 9일.

29. 한국성폭력상담소, 〈[사후보도자료] 2004년에서 2024년으로: 밀양 성폭력 사건, 피해자의 삶에서, 피해자의 눈으로, 피해자와 함께 말하기〉, 2024년 6월 13일.

30. 현재 삭제됨.

31. https://cafe.daum.net/subdued20club/ReHf/4992983

32. 저출산고령사회위원회, 〈2024년 결혼·출산·양육 인식조사 결과 발표〉, 2024년 5월 2일.

33. 한국여성정책연구원, 〈성인지통계시스템〉.

34. 차지연, 〈남아선호사상은 옛말? 작년 출생성비, 통계 집계 이래 최저〉,《연합뉴스》, 2023년 3월 1일.

35. 이신영, 〈한국, '일하는 여성 환경' 여전히 열악…29개국 중 28위〉,《연합뉴스》, 2025년 3월 6일.

36. 박준식, 〈남성차별 존재한다는 '이남자'… '남성 우월주의' 오류남과는 달랐다〉,《연합뉴스》, 2021년 6월 16일.

37. 신진욱·이재정·양승훈·이승훈,《광장 이후》, 문학동네, 2025년, 155쪽.

38. 같은 책, 158쪽.

39. 같은 책, 172쪽.

40. 같은 책, 172~173쪽.

41. 복건우, 〈"문형배도 제안" 용혜인, 여가부장관 인청날 생활동반자법 발의〉, 《오마이뉴스》, 2025년 9월 3일.

42. 박정훈, 〈평균인으로 산, '문형배'라는 상식의 이정표〉, 《오마이뉴스》, 2025년 9월 4일.

43. 성서호, 〈복지차관 "결혼 안 하고도 아이 낳을 수 있게 제도 만들겠다"〉, 《연합뉴스》, 2025년 5월 8일.

44. 박수림, 〈"나이키 신발 민망해서 못 신겠다"… 40대 직장인의 탄식 ['영포티' 세대전쟁]〉, 《한국경제》, 2025년 12월 16일.

45. 한영혜, 〈11월 취업자 수 22만 5000명 증가… 청년 고용률 19개월째 하락〉, 《중앙일보》, 2025년 12월 10일.

46. 국가데이터처, 〈2025년 가계금융복지조사 결과〉, 2025년 12월 4일.

47. 전혜원, 〈집단을 가르는 강물, 그러나 합류점은 있다 [6·3 대선 이후 유권자 인식 여론조사]〉, 《시사IN》, 2025년 6월 24일.

48. 한주홍, 〈헌재 "13~16세와 성관계시 미성년자 의제강간 적용은 합헌"〉, 《연합뉴스》, 2024년 7월 1일.

49. 이혜리, 〈2030 남성, 그들은 왜 탄핵의 광장에 보이지 않았을까〉, 《주간경향》, 2025년 1월 4일.

50. 김현정의 뉴스쇼, 〈12/12(목) "尹, 봄을 못 넘겨" 예언했던 윤여준 "매일 밤 술, 판단력 저하"〉, 2024년 12월 12일.

51. 2021년 6월 3일 〈피렌체의 식탁〉에 게재된 원문을 일부 수정 및 보완한 글이다.

52. 리얼미터, 〈[리얼미터 12월 2주차 주간동향] '주 후반 회복세' 文 대통령 지지율 48.5%…20대 男 29.4% 최저〉, 2018년 12월 17일.

53. 이준석, 《공정한 경쟁》, 나무옆의자, 2019년, 6쪽.

54. 박정훈, 〈맥심 인터뷰한 이준석, '라이언 잠옷'이 문제가 아니다〉, 《오마이뉴스》, 2017년 7월 25일.

55. 이준석, 《공정한 경쟁》, 나무옆의자, 2019년, 55쪽.

56. 홍수민, 〈워마드, 바른미래당에 선전포고…이준석·하태경 응수 "테러리스트"〉, 《중앙일보》, 2019년 1월 4일.

57. 이준석, 《공정한 경쟁》, 나무옆의자, 2019년, 46쪽.

58. 박준상, 〈[전문] 이준석, 출마 선언…"단도직입적으로 당 대표 되고 싶다"〉, 《이데일리》, 2021년 5월 20일.

58. 같은 글.

60. 이준석, 《공정한 경쟁》, 나무옆의자, 2019년, 68쪽.

61. 같은 책, 69쪽.

62. 같은 책, 98~99쪽.

63. 같은 책, 91~104쪽.

64. 김명일, 〈이준석 "공정한 남녀관계 요구하는 것이 여혐인가?"〉, 《한국경제》, 2021년 5월 7일.

65. 이준석, 《공정한 경쟁》, 나무옆의자, 2019년, 212쪽.

66. 이유진, 〈이준석 "딥페이크, 대통령 관심에 과잉규제 우려…불안 과장 안 돼" [영상]〉, 《한거레》, 2024년 8월 28일.

67. 최윤아, 〈찬성 272명 vs 반대 이준석…'딥페이크 위장수사 확대' 국회 표결〉, 《한겨레》, 2024년 11월 25일.

68. 이예슬, 〈'성폭력 발언' 이준석 제명 청원 60만 4630명으로 마감… 동의 수 역대 2위〉, 《경향신문》, 2025년 7월 6일.

69. 김도헌, 〈'희망 없는 X세대' 대표했던 너바나… '그'가 남긴 메시지〉, 《오마이뉴스》, 2019년 4월 5일.

70. 김현정의 뉴스쇼, 〈5/12(월) 이준석 "유일하게 홍준표 배웅… 이래도 싸가지 없나?"〉, 2025년 5월 12일.

71. 같은 글.

72. 나나 파스퀴니, 〈Lee Junseok Wants to Remake Korean Politics〉, 《Harvard Magazine》, 2024년 10월 8일.

73. 홍해인, 〈이준석 대표, 국가인권위 책자 '발언 인용' 관련 비판〉, 《연합뉴스》, 2022년 4월 4일.

74. 류미나, 〈이준석, 장애인단체 시위 또 저격…"비문명적, 불법 시위"〉, 《연합뉴스》, 2022년 3월 28일.

75. 윤현종, 〈이준석, '동덕여대 왜 왔나' 항의에 "폭도들이 불참 학생 린치 우려"〉, 《한국일보》, 2025년 2월 19일.

76. 최기훈, 〈[팩트체크]국민연금이 중국 등 외국인 노동자들의 노후 대책?〉, 《뉴스타파》, 2025년 4월 15일.

77. 행정안전부, 〈2025년도 제25회 국무회의 회의록〉, 2025년 7월 15일.

78. https://www.youtube.com/watch?v=9Fge8mFUKSw

79. https://www.youtube.com/watch?v=T1lC-THLmv4

80. 김민중, 〈20대 여성 고용률, 남성보다 5%P 높았다…작년 역대최대 격차〉, 《중앙일보》, 2024년 7월 24일.

81. 신경아, 〈노동시장은 성평등해지고 있나?〉, 《2024 여성학논집 제41집 2호》, 2024년, 75쪽.

82. 같은 글, 75쪽.

83. 김성욱, 〈"고민 고민 끝에 여성가족부 폐지하자 했다, 왜냐면…"〉, 《오마이뉴스》, 2021년 11월 10일.

84. 박정훈, 〈의원과 장관의 이런 대화… 이 대통령, 꼭 보셔야 합니다〉, 《오마이뉴스》, 2025년 11월 6일.

85. 박소희, 〈"박원순 피해자께 사과" 고민정·남인순·진선미, 선대위 보직 사임〉, 《오마이뉴스》, 2021년 3월 18일.

86. 허진무, 〈'박원순 피소 유출' 남인순 의원, 경찰 이어 검찰도 무혐의〉, 《경향신문》, 2022년 8월 23일.

87. 이지혜, 〈'박원순 사태' 속 남인순의 눈물이 말하는 것들〉, 《한겨레》, 2020년 7월 29일.

88. 성상훈, 〈이재명, "광기의 페미니즘 멈춰달라" 글 SNS 공유〉, 《한국경제》, 2021년 11월 10일.

89. 이경태, 〈'펨코' 직접 등판한 이재명 "여기서 제가 비호감이지만…"〉, 《오마이뉴스》, 2021년 12월 9일.

90. 최윤아, 〈"페미 채널이다!" 반대하자 이재명 후보는 출연 약속 뒤집었다〉, 《한겨레》, 2021년 12월 19일.

91. 권지담, 〈페미니스트가 총선서 사라졌다 [The 5]〉, 《한겨레》, 2024년 3월 29일.

92. 김경록, 〈이석연 "군 가산점제 위헌 헌법소원 낸 당사자…젠더갈등 단초 제공 송구"〉, 《뉴시스》, 2025년 12월 17일.

93. 박정훈, 〈"여성징병 논의 대상 아냐, 모병제는 '글쎄'…"〉, 《오마이뉴스》, 2021년 5월 11일.

94. 국민통합위원회, 〈국민통합위원회, 12월 17일, 「2025 세대·젠더 국민통합 컨퍼런스」 개최〉, 2025년 12월 17일.

95. 한국성폭력상담소, 〈[단호한시선] 차별을 갈등으로 바꾸는 국민통합위원회 규탄한다. 문제는 '페미니즘'이 아니라 '역차별 담론'이다〉, 2025년 12월 22일.

96. 이범, 〈'이대남 혐오'를 멈춰라〉,《경향신문》, 2025년 6월 30일.

2부

1. 최다원·김소희·이서현, 〈여전히 구멍 뚫린 '보복범죄' 대응… '제2신당역 비극' 불렀다〉,《한국일보》, 2023년 5월 29일.
2. 표선영, 〈경찰 내 성별 대표성 향상이 조직 역량을 약화시키는가? 미국의 여성 경찰관 비율과 범죄 해결률의 관계를 중심으로〉,《한국경찰연구 제21권 제4호》, 2022년, 277쪽~302쪽.
3. 같은 글, 277쪽.
4. 독립편집부, 〈살인자에 매달린 어린 아들, 아부도 엄마를 못 지켰나〉,《오마이뉴스》, 2020년 11월 16일.
5. 현재 삭제됨.
6. 공공데이터포털, 〈경찰청_성폭력범죄 범죄자 성별 현황〉, 2024년 12월 31일.
7. https://x.com/roundsummer/status/1866875547948814416
8. 김효실, 〈"제가 '술집 여자'라 밝힌 이유는…" 부산 여성 시민 인터뷰〉,《한겨레》, 2024년 12월 15일.
9. 시민단체연대회의, 〈[윤퇴진사회대개혁비상행동][안내] 평등하고 민주적인 집회를 위한 모두의 약속〉, 2024년 12월 18일.
10. https://x.com/roundsummer/status/1866875547948814416
11. 여성국, 〈털 뽑고 유두 가리개까지 쓴다, 2030男 눈물겨운 여름나기〉,《중앙일보》, 2021년 8월 14일.
12. 박수지, 〈'여성비하' 탁현민 청 행정관 내정에 여성단체 발끈〉,《한겨레》, 2017년 5월 31일.
13. 서영민, 〈"카드는 룸살롱 여자 아닌 와이프"…하나카드 사장의 논리〉, KBS, 2021년 3월 26일.
14. 홍유담, 〈'군인 조롱' 위문편지 시끌…한쪽선 편지쓰기 강요 논란〉,《연합뉴스》, 2022년 1월 12일.
15. 이주빈, 〈스마트폰 병영 시대에…여고생 '억지 위문 편지'가 지핀 논란〉,《한겨레》, 2022년 1월 12일.
16. 이완, 〈여고 '군 위문편지' 반대 청원에 응답한 청 "사회변화 반영 못한 것"〉,《한

겨레》, 2022년 3월 11일.

17. 국가인권위원회, 〈인권위, 혐오표현 실태와 규제방안 실태조사〉, 2017년 2월 20일.

18. 오세진, 〈르노 '집게손' 논란…'덮어놓고 사과' 기업이 페미검증 키운다〉, 《한겨레》, 2024년 7월 2일.

19. 정재우, 〈볼보코리아도 '남혐' 논란? '그 손가락' 또 있었지만… [소셜픽]〉, JTBC, 2024년 7월 2일.

20. 최윤아, 〈포토월 철거는 '적절', 항의글은 '잠금'…전쟁기념관 왜 이러나〉, 《한겨레》, 2021년 6월 9일.

21. 이홍근·정효진, 〈[단독]메이플 '집게손가락' 콘티, 남자가 그렸다〉, 《경향신문》, 2023년 11월 30일.

22. https://www.youtube.com/watch?v=uUplfLWq8hA

23. https://www.doopedia.co.kr/

24. 이민아, 〈노동시장에서의 위기심화와 청년여성 자살률〉, 《한국여성학 제39권 4호》, 2023년, 31~66쪽.

25. 같은 글, 57쪽.

3부

1. 이진주, 〈중식당 주방에서 편견 깨기 18년, 여자 후배들 버팀목 된 정지선 셰프〉, 《경향신문》, 2022년 11월 3일.

2. 이경민, 〈출연료 덜 받고 배역도 없고… '할리우드 언니들이 뿔났다'〉, 《미주중앙일보》, 2015년 10월 22일.

3. 마사 라우젠, 〈It's a Man's (Celluloid) World: Portrayals of Female Characters in the Top Grossing Films of 2019(셀룰로이드 속 남성의 세계: 2019년 흥행 상위 영화에 나타난 여성 캐릭터의 재현)〉, 2020년.

4. 영화진흥위원회, 〈2022년은 흥행이 보장된 후속작의 해…"성인지적 관점에선 평가 유보해야 하는 과도기"〉, 2023년 3월 8일.

5. 유원정, 〈SBS, 양자경 소감에 '여성' 지우기…시청자 비판 쇄도〉, 《노컷뉴스》, 2023년 3월 14일.

6. 윤유경, 〈양자경 수상 소감 악의적 편집 비판에 SBS "왜곡 의도 없어" 해명〉, 《미

디어오늘》, 2023년 3월 15일.

7. 이수민, 〈[단독]"집밥보다 맛있다"…안성재도 홀린 '급식대가' 라스트댄스〉, 《중앙일보》, 2024년 10월 1일.

8. 같은 글.

9. 주성희, 〈[인터뷰] 〈흑백요리사〉의 급식대가가 전한 평범한 이들을 향한 응원〉, 《경남도민일보》, 2024년 10월 8일.

10. 부산노동권익센터, 〈[인포그래픽] 부산지역 학교급식 노동자 안전보건실태와 과제〉, 2024년 11월 4일.

11. 윤성효, 〈학교급식, 조리실무사 1인당 214명까지 담당〉, 《오마이뉴스》, 2024년 7월 23일.

12. 박상혁, 〈학교급식노동자 '자발적 퇴사' 55.8%… "교육부 대책 나서야"〉, 《여성신문》, 2023년 4월 18일.

13. 서혜림, 〈급식실 노동자 87% 검사해보니 187명 폐암 의심…29%는 이상소견〉, 《연합뉴스》, 2022년 12월 1일.

14. 이민선, 〈근무 기간 짧아서, 영양사라서… 급식실 폐암, 10명 중 1명 산재 불승인〉, 《오마이뉴스》, 2023년 10월 16일.

15. 이동철, 〈급식노동자 방학 중 무임금 정당한가〉, 《매일노동뉴스》, 2025년 12월 11일.

16. 신소윤, 〈학교급식 노동자 인력난…"처우 개선 않고 민간 위탁 눈 돌려"〉, 《한겨레》, 2025년 12월 7일.

17. 이가람·서지원, 〈"여사님 살려줘요"…2명이 1000인분 조리 '충격 급식' 이 학교〉, 《중앙일보》, 2024년 5월 3일.

18. 손고운, 〈대안은 조리로봇? 10억원이면 스마트식세기 쓸 수 있는데…〉, 《한겨레21》, 2024년 7월 26일.

19. https://www.youtube.com/watch?v=RArvdK3MbU8

20. 정민경, 〈"조선일보 기사, 인과관계 완전히 뒤집은 기사… 분노"〉, 《미디어오늘》, 2019년 7월 10일.

21. 홍승희, 〈'축구의 性벽 허물다' 여성 풋살팀 5년새 3배 급증〉, 《헤럴드경제》, 2024년 5월 31일.

22. https://www.youtube.com/watch?v=_sQ7Xpjz-pI

23. 박송이, 〈[전문] 한강 노벨상 수상 기념 강연 '빛과 실'〉, 《경향신문》, 2024년 12월 8일.

24. 록산 게이, 〈Jada Pinkett Smith Shouldn't Have to 'Take a Joke.' Neither
   Should You.(제이다 핀켓은 농담을 받아줘야 할 이유가 없다. 당신도 그렇다.)〉,
   《뉴욕타임스》, 2022년 3월 29일.

차별을 훔치는 남자들

ⓒ박정훈, 2026

초판 1쇄 인쇄　2026년 2월 20일
초판 1쇄 발행　2026년 3월 3일

지은이　박정훈
펴낸이　유강문
편집1팀　김진주 이연재
마케팅　김한성 조재성 박신영 김애린 오민정 우지윤
펴낸곳　㈜한겨레엔 www.hanibook.co.kr
등록　2006년 1월 4일 제313-2006-00003호
주소　서울시 마포구 창전로 70 (신수동) 화수목빌딩 5층
전화　02) 6383-1602~3 | 팩스　02) 6383-1610
대표메일　book@hanien.co.kr
ISBN　979-11-7213-382-5 03300